HARRAP'S

Anglais

MÉTHODE EXPRESS

Sheena Andromaque

Dominique Gautié

HARRAP

21, rue du Montparnasse
75283 Paris Cedex 06

ISBN 978 2 81 870160 7

Direction de la publication : Carine Girac-Marinier
Direction éditoriale : Claude Nimmo
Révision : Garret White
Informatique éditoriale : Dalila Abdelkader
Conception graphique : Sophie Rivoire
Mise en page : Typo-Virgule
Fabrication : Rebecca Dubois

Édition précédente
Coordination éditoriale : Julie Lehoux *avec* Pauline Gaberel
Direction éditoriale : Anna Stevenson

HARRAP est une marque de Larousse SAS.
Harrap® est une marque déposée.
www.harrap.com

Table des matières

Introduction

Vous ne savez pas parler anglais, ou peu ? Vous en avez pourtant besoin pour votre travail, pour voyager ou pour comprendre les films et les chansons en VO ? Ou bien vous avez envie d'apprendre cette langue pour le plaisir ?

Alors bienvenue dans le monde anglophone ! L'anglais est une langue incontournable, parlée dans 75 pays par 375 millions de personnes dont c'est la langue maternelle. Un nombre équivalent de locuteurs le pratiqueraient en deuxième langue. En fait, environ une personne sur quatre sait parler anglais et les trois quarts qui restent sont de plus en plus désireux de l'apprendre.

Cette méthode, élaborée pour des débutants et faux débutants, vise à vous donner les moyens de vous faire comprendre dans des situations courantes et à vous apporter les bases linguistiques pour poursuivre votre apprentissage si vous le souhaitez. Vous apprendrez ici l'anglais britannique, mais les locuteurs d'anglais américain n'auront aucun mal à vous comprendre.

Même si ce livre est conçu pour un travail en autonomie, vous avez tout intérêt à rechercher toutes les occasions pour parler anglais avec des anglophones et même avec d'autres personnes pour qui ce n'est pas la langue maternelle. Le maître mot c'est de pratiquer ! Alors, allez-y, ne vous souciez pas des erreurs que vous pouvez commettre, cherchez simplement à vous faire comprendre : vous gagnerez en fluidité et surtout en confiance.

Structure de l'ouvrage

Cette méthode contient vingt chapitres qui sont tous construits autour d'un thème central. Il est important de respecter la progression du livre de façon méthodique.

Après un petit exercice d'échauffement et de révision appelé **Activité**, chaque chapitre commence par un ou plusieurs **Dialogues** qui présentent en contexte les points de grammaire à assimiler. Lisez ces dialogues plusieurs fois à voix haute en essayant de les comprendre, d'abord sans, puis avec l'aide de la boîte de vocabulaire. Au fil des chapitres, vous serez progressivement amené(e) à aborder des exercices de lecture sous le titre **Compréhension**.

Ensuite, vient la rubrique **Grammaire**, où vous trouverez des explications et des précisions concernant les nouveaux points de langue du chapitre. Dans la partie **Prononciation**, des exercices spécifiques vous permettront de travailler votre prononciation. Vous pourrez mettre en pratique tous les éléments abordés dans le chapitre en faisant les exercices de la partie **Exercice(s)**.

À partir du chapitre 11, vous découvrirez une rubrique intitulée **À vous de jouer !**, qui comporte des documents authentiques. L'étude de ces documents sera pour vous un moment de détente en même temps qu'un exercice de lecture et de compréhension.

Chaque chapitre comporte une rubrique précédée du signe qui vous donne des informations pratiques et culturelles sur la vie au Royaume-Uni.

Enfin, le chapitre se termine la plupart du temps par un **Mini-test** qui vous donne la possibilité de vérifier si vous avez bien assimilé les nouveautés du chapitre. Tous les cinq chapitres, à la place d'un **Mini-test**, un **Test d'autoévaluation** vous permettra de faire un bilan sur cinq chapitres. Selon vos résultats, vous saurez si vous pouvez poursuivre ou bien si vous devez reprendre certains éléments des chapitres précédents.

Vous trouverez à la fin de l'ouvrage le corrigé de tous les exercices, activités, mini-tests et tests d'autoévaluation.

Conseils d'apprentissage

De manière générale, il est préférable de consacrer un peu de temps tous les jours à apprendre une langue plutôt que de longues heures une fois par semaine.

N'hésitez pas à faire les exercices à plusieurs reprises et à revoir régulièrement le vocabulaire des chapitres précédents.

L'apprentissage d'une langue nécessite parfois de la patience. Assurez-vous de bien maîtriser les éléments d'un chapitre avant de passer au suivant et évitez de vous infliger des paris impossibles à tenir ! Il se peut même que vous éprouviez parfois le besoin de faire une pause de quelques jours pour laisser le temps à votre esprit d'assimiler les connaissances.

Comment utiliser la méthode si vous disposez des enregistrements

La méthode comprend 2 CD enregistrés par des locuteurs natifs. Les parties qui se trouvent sur l'enregistrement sont suivies du symbole .

Dialogues

Tous les dialogues ont été enregistrés. Écoutez-les attentivement et entraînez-vous à jouer le rôle des différents personnages.

Exercices

Certains exercices sont également sur les CD (certaines **Activités**, **Exercices**, et la plupart des **Mini-Tests**).

Prononciation

Vous pourrez aborder le guide de prononciation et la totalité des sections **Prononciation** avec les CD. Ceci vous permettra d'apprendre à prononcer les sons anglais et de travailler l'intonation des phrases. Un bon exercice consiste à s'enregistrer, puis à comparer sa prononciation avec celle des locuteurs de l'enregistrement.

Guide de prononciation

CD1 piste 1

Sur certains points, l'anglais n'est pas une langue très difficile. La conjugaison est assez simple, les adjectifs sont invariables et il n'y a ni genre des noms ni accents. Mais la prononciation et l'orthographe posent souvent problème, et cela parfois même aux anglophones !

On ne peut absolument pas se fier à l'orthographe pour connaître la prononciation d'un mot. La lettre **a**, par exemple, se prononce de huit façons différentes ! Il y a aussi des sons qui n'existent pas en français, le [**th**] et le [**h**] par exemple.

Si vous avez l'enregistrement, écoutez-le et répétez à voix haute les sons que vous entendez. Sinon, suivez les indications données et si vous pouvez, faites-vous aider par un anglophone. Prenez soin de bien articuler les sons que vous prononcez, surtout les voyelles.

Voyelles brèves

Son voyelle	Exemples	Sons proches en français
[a]	cat, map, as	cap, patte
[ê]	bed, said, left	mais, tête
[e]	again, perhaps	je, me
[i]	dish, it, ship	i court, entre ê et i
[o]	box, hot, stop	bol, joli
[u]	bus, fun, come	eu court
[ou]	book, could, put	ou court

Voyelles longues

Son voyelle	Exemples	Son proche en français
[a]	father, car, are	art
[eur]	her, bird, turn	jeune
[i]	me, sleep, beat	si
[or]	four, door, saw	bord
[ou]	blue, shoe, do	tout

Diphtongues

Les diphtongues sont des sons constitués de deux voyelles. Ces deux voyelles d'une diphtongue se prononcent comme un ensemble. Ce type de diphtongue n'existe pas en français.

Son voyelle	Exemples	Son proche en français
[ey]	make, eight, great	é + i : seyant
[aïe]	I, eye, buy	a + i : aïe
[ao]	now, out, house	a + o : Raoul
[ère]	there, hair, rare	ère + e : cher
[oy]	boy, enjoy, toy	o + i : Loïc
[ieur]	near, here, beer	i + e : rieur
[oe]	soap, go, know	o + e : peau mais plus long
[oueu]	sure, tour, poor	ou + eu : éboueur

Consonnes

La plupart des consonnes ont une prononciation proche de celle du français. Voici les sons qui risquent de vous causer le plus de difficultés.

Son consonne	Exemples	Sons proches en français
[h]	have, who, hotel	h dit « aspiré » (mais soufflé en réalité)
[dj]	just, gym, luggage	badge
[ch]	sure, shop, wash	choix
[r]	run, try, rich	r très discret, pas du tout guttural
[y]	yes, Europe, you	yéti
[ng]	song, thing, bang	parking
[tch]	church, chat, much	tchatch, catch
[th] dur	three, thanks, tooth	s prononcé en plaçant le bout de la langue contre les dents du haut
[th] doux	this, the, mother	z prononcé en plaçant le bout de la langue contre les dents du haut
[j]	television	je
[w]	water, what, always	ouate

L'accentuation des mots polysyllabiques

En français, on n'accentue pas les mots à l'oral. Tout au plus, on appuie un peu plus sur la dernière syllabe. En revanche, en anglais, tous les mots de plus d'une syllabe possèdent une syllabe accentuée, c'est-à-dire prononcée plus fortement que les autres. Les syllabes non accentuées tendent alors à être prononcées très faiblement.

Il n'y a pas véritablement de règles pour savoir quelle syllabe d'un mot doit être accentuée. Il faut donc se fier au dictionnaire ou à l'enregistrement, et apprendre chaque mot avec son accentuation. L'accentuation est indiquée dans les dictionnaires à l'aide d'un petit trait vertical placé avant la syllabe accentuée.

Il est très important de placer l'accentuation au bon endroit en anglais pour se faire comprendre et éviter les malentendus. Avec l'habitude et l'entraînement, cela vous paraîtra de plus en plus naturel.

01

Pleased to meet you!

Enchanté !

Dans ce chapitre vous apprendrez à :

- dire « bonjour » et « au revoir »
- dire qui vous êtes
- demander le nom de quelqu'un
- dire et demander la nationalité de quelqu'un

Avant de commencer…

Dans ces dialogues, vous allez suivre Sandrine et Nicolas Frémont, un jeune couple français qui a décidé de passer un an en Grande-Bretagne pour apprendre l'anglais. Ils se sont installés à Birmingham, au centre de l'Angleterre. Dès le premier jour, ils rencontrent un voisin et un de leurs futurs colocataires. Ils vont donc devoir se présenter.

Vous pourrez considérer que vous maîtrisez le contenu du chapitre lorsque vous serez en mesure de réemployer les dialogues.

Activité

Vous avez déjà certainement entendu un bon nombre de mots anglais courants. Vous savez peut-être par exemple dire « bonjour » et « au revoir ». Entraînez-vous à dire les mots que vous connaissez. Vous retrouverez certaines expressions dans les dialogues et dans le tableau ci-contre. Écoutez ou lisez les dialogues plusieurs fois, puis répétez-les en jouant un rôle puis l'autre. Petit à petit, vous prendrez confiance et pourrez le faire sans regarder le livre.

Dialogue 1

CD1 piste 2

Ce matin, Nicolas rencontre un de ses voisins…

Nicolas	Good morning! My name is Nicolas Frémont.
Brendan Kelly	Oh, hello, pleased to meet you! I'm Brendan, Brendan Kelly.
Nicolas	Nice to meet you, Brendan!

VOCABULAIRE

good morning	*bonjour (littéralement « bon matin »)*
name	*nom*
My name is…	*Je m'appelle…*
hello	*bonjour*
Pleased to meet you.	*Enchanté(e).*
I'm = I am	*je suis*
Nice to meet you.	*Enchanté(e).*

Dialogue 2

CD1 piste 2

Brendan remarque l'accent de Nicolas et devine qu'il est français.

Brendan	Are you French?
Nicolas	Yes, I am. Are you English?
Brendan	No, I'm not.
Nicolas	Oh, really?
Brendan	Actually, I'm Irish.

VOCABULAIRE

Are you French?	*Êtes-vous/es-tu francais(e) ?*
yes	*oui*
English	*anglais(e)*
no	*non*
not	*ne… pas*
really	*vraiment*
actually	*en fait*
Irish	*irlandais(e)*

Dialogue 3

CD1 piste 2

Quelques minutes plus tard, leur conversation se termine.

Brendan	Well, see you later, bye.
Nicolas	Goodbye.

well	*eh bien*
see you later	*à plus tard*
goodbye, bye	*au revoir*

Dialogue 4

CD1 piste 2

Plus tard dans la journée, vers trois heures, Sandrine rencontre un des colocataires dans l'entrée.

Sandrine	Good afternoon!
Gus	Hi, I'm Gus, what's your name?
Sandrine	My name's Sandrine Frémont.
Gus	What nationality are you?
Sandrine	I'm Swiss.
Gus	Oh, you aren't French like Nicolas, then.
Sandrine	No, but I live in France.
Gus	Well, you live in Birmingham now!

VOCABULAIRE

good afternoon	*bonjour (littéralement : « bon après-midi »)*
hi	*salut*
What's your name?	*Comment vous appelez-vous/t'appelles-tu ?*
your	*ton, ta, tes, votre, vos*
What nationality…?	*De quelle nationalité… ?*
Swiss	*suisse*
you aren't = you are not	*vous n'êtes/tu n'es pas*
like	*comme*
then	*alors*
but	*mais*
to live	*habiter*
in France	*en France*
well	*eh bien*
now	*maintenant*

Grammaire

1) Les salutations

Les salutations (**greetings**) dépendent des heures de la journée mais aussi du contexte. Les plus simples et les moins formelles sont : **hello** ou **hi** pour *bonjour* ou *salut*, et **bye** pour *au revoir.* Elles s'emploient à n'importe quel moment de la journée ou de la nuit. Pour les expressions plus formelles, il faut tenir compte du moment de la journée.

- Pour dire *bonjour* :
  Le matin, on dit **good morning** ;
  L'après-midi, on dit **good afternoon** ;
  Le soir, on dit **good evening**.

- Pour dire *au revoir*, on dit **goodbye.**
  La nuit, surtout avant d'aller se coucher, on dit **goodnight**.

2) You

Tu et *vous* se disent **you** en anglais. De ce fait, la langue anglaise ne permet pas de vouvoyer ni de tutoyer, **you** étant neutre à cet égard. Par ailleurs, **you** est aussi bien singulier que pluriel. On compte en général sur le contexte pour savoir si on s'adresse à une seule personne ou à plusieurs personnes, quitte à ajouter une précision, par exemple **you two** (*vous deux*), si nécessaire.

3) L'infinitif

"To be or not to be, that is the question."
Qui ne connaît pas cette fameuse réplique shakespearienne ? Cette phrase contient le verbe **to be** à l'infinitif – ou verbe sans sujet – et la négation **not**. Vous reconnaîtrez les infinitifs dans les listes de vocabulaire, car la base verbale est précédée de **to**. Dans le dictionnaire vous ne trouverez cependant pas cette marque. À titre de comparaison, en français on reconnaît un infinitif par la fin du mot, « -er », «-ir » ou «-re ».

4) Not

La négation *ne… pas* se dit en un seul mot en anglais : **not**. Elle se place avant l'infinitif, mais lorsque le verbe est conjugué, elle le suit. Elle peut aussi être contractée en **n't** et accolée au verbe. Vous trouverez des exemples du verbe **to be** à la forme négative ci-contre.

5) To be (1)

Dans les dialogues vous avez vu le verbe **to be**, utilisé à la forme affirmative, négative et dans une question. Voici une présentation complète des formes de **be** avec **I** et **you**.

+ Forme affirmative
I'm = I am
you're = you are

- Forme négative
I'm not = I am not
you aren't = you are not

? Forme interrogative
Am I?
Are you?

- La forme contractée **'m** correspond à **am, 're** à **are** et **n't** à **not**
- Notez que **I** s'écrit toujours avec une majuscule.

6) Les formes contractées

Les formes contractées s'utilisent presque systématiquement en anglais familier. Il s'agit d'une façon rapide de parler ou d'écrire. L'apostrophe indique la suppression d'une ou plusieurs lettres. Cependant, on préfère éviter ces formes dans un style plus formel, surtout à l'écrit.

Notez qu'une seule forme contractée est possible à la fois, et que **yes, I am** ne peut être contracté.

7) My, your

I	my	my name is Sandrine
you	your	your name is Brendan

My et **your** sont des adjectifs possessifs anglais. Ils n'ont qu'une seule forme, contrairement au français (*mon, ma, mes* par exemple), et ne s'accordent jamais avec le mot qui suit. Comme pour le sujet **you**, qui veut aussi bien dire *vous* que *tu*, **your** est la seule traduction possible pour le singulier, *ton, ta, tes* et le pluriel, *votre, vos*.

8) Les nationalités

Voici quelques exemples de nationalités. Ces mots sont invariables, il n'y a ni féminin/masculin, ni pluriel. La nationalité et la langue sont souvent identiques, sauf pour les pays anglophones ou les pays multilingues. Notez que la majuscule est toujours nécessaire, que ce soit pour la nationalité ou la langue.

VOCABULAIRE

American	*américain(e)*
Australian	*australien(ne)*
British	*britannique*
English	*anglais(e)*
French	*français(e)*
German	*allemand(e)*
Greek	*grec(que)*
Indian	*indien(ne)*
Irish	*irlandais(e)*
Italian	*italien(ne)*
Jamaican	*jamaïcain(e)*
Scottish	*écossais(e)*
Spanish	*espagnol(e)*
Welsh	*gallois(e)*

Exercices

1) Comment se saluer dans les situations suivantes ?

a Vous rencontrez un ami au café. Vous parlez en premier.

b Un matin, Mrs Fuller, une voisine à la retraite, vous salue.

c Vous entrez chez le boucher en fin d'après-midi, il vous salue.

d Vous allez vous coucher, vous saluez tout le monde.

2) Un soir, vous rencontrez une voisine anglaise pour la première fois. Complétez le dialogue suivant.

Vous	*Vous dites bonsoir.*
Maureen Taylor	Oh, hello, pleased to meet you! I'm Maureen Taylor.
Vous	*Vous répondez et vous donnez votre nom.*

3) La conversation se poursuit. Complétez le dialogue en vous aidant du lexique page 233 si nécessaire.

Maureen	What nationality are you?
Vous	*Vous dites que vous êtes français et vous demandez si Maureen est anglaise.*

Maureen No, I'm not, I'm Scottish actually.
Vous *Vous devez partir, vous lui dites à plus tard.*

4) Vous êtes invité(e) à une soirée, mais vous ne connaissez pas les autres invités. Complétez ces échanges :

Vous *Vous dites bonsoir et vous demandez le nom de la personne.*
Helen *Helen vous dit salut et vous répond.*
David *David vous demande votre nationalité.*
Vous *Vous dites que vous êtes français et que vous habitez en France.*

5) Trouvez la nationalité des personnes suivantes :

a Burt I live in Chicago, in the United States. I'm...
b Amy I live in Montreal, Canada. I'm...
c Karl I live in Munich, Germany. I'm...
d Roberto I live in Barcelona, Spain. I'm...
e Angelo I live in Florence, Italy. I'm...
f Indira I live in Delhi, India. I'm...
g Hugh I live in Edinburgh, Scotland. I'm...
h Carol I live in Cardiff, Wales. I'm...

Les salutations

Les Britanniques ne se serrent pas systématiquement la main. Ce geste est réservé aux situations formelles, comme une première rencontre ou des présentations officielles dans une entreprise. En règle générale il suffit de dire bonjour.

En Amérique du Nord et en Grande-Bretagne on se présente toujours en donnant son prénom, puis son nom de famille. Si vous faites l'inverse, cela risque de créer des confusions.

Les échanges entre amis, voisins, collègues ou autres personnes s'établissent le plus souvent avec le prénom. L'utilisation des titres **Mr** (Monsieur), **Mrs** (Madame), **Miss** (Mademoiselle), toujours suivis du nom de famille, est de plus en plus rare, même sur le lieu de travail. On les rencontre seulement dans des contextes plus formels et dans les démarches administratives. Le titre **Ms**, curieusement prononcé **[mz]**, est souvent adopté à la place de **Mrs** ou **Miss** pour les femmes, pour éviter de préciser le statut marital.

Puisqu'on n'utilise pas ces titres sans le nom de famille, contentez-vous de **Hello** ou **Good morning** si vous ne connaissez pas le nom de famille de la personne que vous rencontrez.

Mini-test

CD1 piste 2

Un matin, Sandrine est dans le jardin et aperçoit sa voisine. Elle a envie de faire sa connaissance, elle lui fait un signe de la main et elles commencent à discuter. Écrivez le dialogue en suivant les indications données.

Sandrine	*Elle dit bonjour et se présente.*
Margaret Brown	*Elle dit bonjour et se présente.*
	Elle dit qu'elle est enchantée de faire sa connaissance et demande à Sandrine si elle est française.
Sandrine	*Elle répond qu'elle aussi est enchantée et explique que non, en fait elle est suisse.*
Margaret Brown	*Elle précise qu'elle n'est pas anglaise, qu'en fait elle est galloise.*
	Elle termine la conversation en disant à plus tard et au revoir.
Sandrine	*Elle dit au revoir.*

02

How are you?

Comment allez-vous ?

Dans ce chapitre vous apprendrez à :

- échanger des salutations
- demander et donner des nouvelles de quelqu'un
- demander d'où quelqu'un vient et dire d'où vous venez
- demander l'âge de quelqu'un et dire votre âge

Avant de commencer...

Sandrine et Nicolas s'habituent petit à petit à leur nouvelle vie. Si, comme eux, vous souhaitez rencontrer des gens nouveaux et apprendre à mieux les connaître vous aurez immanquablement recours aux phrases rencontrées dans ce chapitre.

Activité

Reprenons les expressions vues dans le premier chapitre, pour vérifier que vous savez saluer votre interlocuteur et vous présenter.

a Quelle que soit l'heure, que dites-vous pour saluer un ami ?
b Que dites-vous pour saluer un inconnu le matin, l'après-midi ou le soir ?
c Comment se présenterait Judith Hall, de nationalité australienne, habitante de Brisbane ?
d Vous voulez demander à quelqu'un son nom, que dites-vous ?

Dialogue 1

CD1 piste 3

Sandrine et Nicolas partent faire des courses, en route ils rencontrent Brendan et son fils Dan.

Brendan	Oh, hi there! How are you?
Sandrine	Hello! Very well, thank you.
Nicolas	Yes, we're fine, and you?
Brendan	Not too bad, thanks.

VOCABULAIRE

hi (there)	*salut*
How are you?	*Comment allez-vous/vas-tu ?*
very well	*très bien*
thank you, thanks	*merci*
We're fine = we are fine.	*Nous allons très bien.*
not too bad	*pas trop mal*

Dialogue 2

CD1 piste 3

Ici Brendan découvre que Sandrine n'est pas française. Sandrine lui demande si sa femme est irlandaise et Nicolas demande son nom.

Brendan	You're French too, aren't you?
Sandrine	No, I'm not.
Nicolas	My wife is Swiss.
Brendan	Oh really?
Sandrine	Is your wife Irish like you?
Brendan	No, she's Jamaican.
Nicolas	What's her name?
Brendan	Her name's Carrie.

too	*aussi*
My wife is Swiss.	*Ma femme est suisse.*
her name	*son nom (à elle)*
Her name's = her name is…	*Elle s'appelle…*

Dialogue 3

CD1 piste 3

Le lendemain Nicolas salue Brendan à nouveau et demande des nouvelles de sa femme.

Nicolas	Hello Brendan, how are you?
Brendan	I'm fine, thanks.
Nicolas	And how is your wife?
Brendan	She's not very well today.
Nicolas	Oh, I'm sorry to hear that.

VOCABULAIRE

How is...?	*Comment va... ?*
she's = she is	*elle est*
today	*aujourd'hui*
I'm sorry to hear that.	*Je suis désolé(e) d'apprendre cela.*
to hear	*entendre*

Dialogue 4

CD1 piste 3

Brendan veut savoir d'où Les Frémont viennent en France et Sandrine est curieuse de connaître l'âge de Dan.

Dan	They're not English, are they, Daddy?
Brendan	No, they're French, well they speak French.
Sandrine	Is this your son?
Brendan	Yes, he is. His name's Dan.
Sandrine	And how old are you, Dan?
Dan	I'm seven.

Brendan	Where are you from in France?
Nicolas	We're from Nantes.

VOCABULAIRE

they're = they are	*ils/elles sont*
Daddy	*papa*
to speak	*parler*
Is this your son?	*Est-ce votre fils ?*
his name	*son nom (à lui)*
Where are they from?	*D'où viennent-ils/elles ?*
where	*où*
How old are you?	*Quel âge as-tu/avez-vous ?*

Grammaire

1) Les pronoms personnels

Dans ces deux premiers chapitres vous avez rencontré les pronoms personnels sujet **I, you, he, she, we, you, they**. Ils peuvent se traduire facilement en français. On peut remarquer tout de même trois différences. D'abord vous savez déjà que **you** est le pronom unique pour dire *tu* et *vous*. Il n'y a également qu'un seul terme pour dire *ils* ou *elles,* il s'agit de **they**. Enfin, il existe aussi le pronom, **it**, que vous découvrirez au chapitre suivant. Il est utilisé pour tout sujet qui n'est pas humain.

2) To be (2)

a) Trois formes du verbe

Comme vous pouvez le constater, il n'y a que trois formes du verbe **to be** au présent : **am**, **is** et **are**.

+ Forme affirmative

he's/he is
she's/she is
we're/we are
they're/they are

- Forme négative

he isn't/he is not
she isn't/she is not
we aren't/we are not
they aren't/they are not

? Forme interrogative
is he/she?
are we?
are they?

• Formes contractées : **'s** correspond à **is,**
're à **are** et **n't** à **not**

b) Les questions

Pour poser une question en anglais avec le verbe **to be**, il suffit d'inverser l'ordre du sujet et du verbe.

You are French. → Are you French?

She is English. → Is she English?

Pour les questions introduites par le mot interrogatif **how**, on rencontre également cette inversion.

How is Rosanne?

Notez que cette inversion est quasi obligatoire en anglais, alors qu'en français ce n'est pas le cas puisqu'une intonation montante suffit pour transformer une phrase affirmative en une question. On peut très bien dire, avec une intonation montante *Vous êtes français ?* Cet usage est rare en anglais.

c) Les réponses brèves

En général on ne répond pas seulement par *oui* ou par *non* en anglais. Cela paraîtrait un peu brutal, alors on ajoute une petite reprise, comme on pourrait dire, *oui, c'est vrai*, ou, *non, ce n'est pas vrai*, en français. C'est une habitude à prendre pour parler de façon plus authentique. Voici un tableau récapitulatif de ces réponses.

+ Réponses affirmatives	**- Réponses négatives**
Yes, I am.	No, I'm not.
Yes, you are.	No, you aren't.
Yes, he/she is.	No, he/she isn't.
Yes, we are.	No, we aren't.
Yes, they are.	No, they aren't.

d) Les question tags

On peut également ajouter des petites questions en fin de phrase en anglais. Ces questions sont tellement caractéristiques que l'on utilise en général le terme anglais pour en parler : **question tags**. Leur équivalent en français est parfois *c'est vrai ?, n'est-ce pas ?, hein ?, non ?*

You are English too, aren't you? *Vous êtes anglaise aussi, n'est-ce pas ?*

Dans cet exemple Brendan vérifie d'une certaine manière ce qu'il affirme en reprenant sa phrase, avec un **question tag** à la forme négative. Bien souvent il s'agit d'une façon idiomatique de répondre. Dans ces cas-là ces questions n'ont pas beaucoup de signification et ne se traduisent pas en français. Cependant elles sont très fréquentes et suivent une logique tout à fait particulière. Le principe est de faire suivre une phrase affirmative par un **question tag** négatif, et vice versa. Voici une phrase négative reprise par un **question tag** affirmatif :

She isn't French, is she? *Elle n'est pas française, n'est-ce pas ?*

Vous trouverez dans le tableau suivant les diverses possibilités avec le verbe **to be.**

Question tags

Am I?/Am I not?

Are you?/Aren't you?

Is he?/Isn't he?

Is she?/Isn't she?

Are we?/Aren't we?

Are they?/Aren't they?

e) Dire son âge

Pour dire son âge en anglais, il suffit d'employer le verbe **to be** suivi de l'âge que l'on veut exprimer.

I'm eighteen. *J'ai dix-huit ans.*

They're six. *Ils/elles ont six ans.*

2) His, her

Comme vous l'avez vu au premier chapitre, les adjectifs possessifs sont invariables et ne s'accordent pas avec le mot qui suit. Dans le cas de **his** et **her** cette différence est essentielle. **His** et **her** indiquent que le possesseur est respectivement de sexe masculin ou féminin.

Sandrine is his wife. *Sandrine est sa femme (à lui).*

Nicolas is her husband. *Nicolas est son mari (à elle).*

he → his (♂) his name is Nicolas

she → her (♀) her name is Sandrine

3) Les nombres de 0 à 20

CD1 piste 3

Entraînez-vous à compter jusqu'à vingt, dans l'ordre croissant, puis décroissant.

VOCABULAIRE

0	**zero**
1	one
2	two
3	three
4	four
5	five
6	six
7	seven
8	eight
9	nine
10	ten
11	eleven
12	twelve
13	thirteen
14	fourteen
15	fifteen
16	sixteen
17	seventeen
18	eighteen
19	nineteen
20	twenty

Le chiffre « 0 » se dit **zero** ou **nought** [**naut**]. S'il s'agit d'un numéro de téléphone ou d'une date, il se dit **zero ou o**.

Prononciation

CD1 piste 3

Attention, l'intonation dans les questions n'est pas toujours la même.

- pour les questions qui commencent par un verbe ou un auxiliaire et qui demandent une réponse par *oui* ou par *non*, on termine la phrase par une intonation montante ;
- pour les autres questions, qui commencent par un mot interrogatif, comme **how are you?**, on termine la phrase par une intonation descendante.

Voici quelques exemples pour vous entraîner :

Are you French? ↑ Yes, I am.
Is your wife English? ↑ No, she isn't.
How are you? ↓ I'm fine, thank you.
Where are you from? ↓ I'm from Birmingham.

Exercices

1)

Demandez comment vont ces personnes en complétant les phrases ci-dessous.

a ... ... she ? **b** ... ... they ?

Maintenant, répondez.

a She ... . **b** They ... ...

2) Vous avez décidé de prendre des cours de danse. Au premier cours, une dame engage la conversation et se montre un peu curieuse. Elle vous pose les questions ci-après.

a What's your name?

b Where are you from?

c How old are you? (*Laissez votre âge en chiffres si vous avez plus de 20 ans. Vous pourrez aussi trouver les nombres de 20 à 1000, page* ***34***)

3) Répondez à ces questions en ajoutant une réponse brève.

a Is she your wife? No, ...

b Are they from France? Yes, ...

Maintenant, ajoutez un **question tag** et complétez la réponse.

a He's not Italian, ...? No, ...

b They're American, ...? Yes, ...

4) Sandrine pose des questions à sa voisine, Maureen. Elle veut savoir si elle est mariée (**married**) et comment s'appelle son mari (**husband**).

Sandrine	... ... married?
Maureen	Yes, ... You're married too, ...?
Sandrine	Yes, ... name's Nicolas.
Sandrine	... ... husband Scottish too?
Maureen	No, he's Australian. ... name is Mick.

Plus tard, Sandrine raconte à Nicolas qu'elle a rencontré Maureen.

a Comment dit-elle que Maureen est mariée ?

b En parlant de son mari, elle dit qu'il s'appelle Mick.

5) Effectuez les opérations suivantes. Écrivez le résultat en toutes lettres et lisez toute l'opération et le résultat à voix haute. (« + » se dit **plus**, « – » **minus** et « x » **times**.)

a	1 + 11 = ?
b	17 - 4 = ?
c	5 x 2 = ?
d	2 + 7 = ?
e	7 - 1 = ?
f	18 + 2 = ?
g	2 x 8 = ?
h	3 x 5 = ?

Les îles Britanniques

Les îles Britanniques, le Royaume-Uni, la Grande-Bretagne ou l'Angleterre ? La plupart du temps, en français, on parle des Anglais qui habitent l'Angleterre et parlent anglais. En fait, le Royaume-Uni est un pays composé de quatre nations : l'Angleterre, l'Écosse, le pays de Galles et l'Irlande du Nord. L'Irlande est une république indépendante. D'un point de vue géographique, les îles Britanniques sont composées de la Grande-Bretagne (Angleterre, Écosse et Pays de Galles), de l'île d'Irlande (République d'Irlande et Irlande du Nord), et de plusieurs autres îles plus petites.

Ainsi, les sujets britanniques ne sont pas forcément anglais. Si vous dites à un Gallois, à un Écossais ou à un Irlandais qu'il est anglais, il ne manquera pas de vous corriger.

the United Kingdom	*le Royaume-Uni*
Great Britain	*la Grande-Bretagne*
England	*l'Angleterre*
Scotland	*l'Écosse*
Wales	*le pays de Galles*
Northern Ireland	*l'Irlande du Nord*
Ireland	*l'Irlande*
the British Isles	*les îles Britanniques*
the British	*les Britanniques*

Mini-test

CD1 piste 3

Dites les phrases suivantes en anglais.

a Je ne vais pas bien aujourd'hui.

b Mon fils a cinq ans.

c Sa femme va très bien.

d Il s'appelle Max.

e Il vient de Montréal.

03

Home sweet home!

Qu'on est bien chez soi !

Dans ce chapitre vous apprendrez à :

- donner des instructions
- demander sa profession à quelqu'un et dire quel métier vous faites
- demander et dire où se trouvent les objets dans la maison
- désigner des objets
- demander à quelqu'un s'il parle telle ou telle langue et répondre

Avant de commencer...

Comme cela se fait beaucoup en Grande-Bretagne, Sandrine et Nicolas partagent une grande maison divisée en appartements. Ils ont quatre colocataires : un autre couple composé de Brian et Angela, Tammy qui est célibataire, et Gus qui est divorcé. Nous allons vous donner un aperçu de la vie quotidienne de Brian et Angela. Ils semblent avoir quelques problèmes de rangement dans leur petit appartement... Ensuite Sandrine et Nicolas auront une conversation avec Gus et Tammy. Il sera question de langues et de métiers.

Ce sera l'occasion pour vous de rencontrer de nouveaux verbes et expressions avec **to be.**

Activité

Voici six réponses à des questions abordées dans le chapitre précédent. Elles ne devraient donc pas vous poser de problème. Si ce n'est pas le cas, reprenez le chapitre 2. Il est important de consolider vos connaissances à chaque étape.

Quelles questions a-t-on posé pour solliciter ces réponses ?

- **a** She's seven.
- **b** They're from Russia.
- **c** Very well, thank you.
- **d** My name's Karen.
- **e** He's not too good, I'm afraid.
- **f** My son? His name's Tom.

Dialogue 1

CD1 piste 4

Aujourd'hui, dans l'appartement d'en face, Brian et Angela essaient de ranger leurs affaires. Au début, tout va bien…

Angela	Where's the teapot?
Brian	It's on the table, in the bedroom.
Angela	No, it's here in the living room under the television!
Angela	Put this chair next to the sofa, please.
Brian	All right. Put these cups in the cupboard too.

VOCABULAIRE

teapot	*théière*
it's = it is	*il/elle est (sujet non humain)*
on	*sur*
table	*table*
bedroom	*chambre (à coucher)*
here	*ici*
living room	*salon*
under	*sous*
television	*téléviseur*
this	*ce, cette, cet (celui-ci, celle-ci)*
chair	*chaise*
next to	*à côté de*
sofa	*canapé*
please	*s'il te/vous plaît*
all right	*d'accord*

VOCABULAIRE

to put	*mettre*
these	*ces (ceux-ci, celles-ci)*
cup	*tasse*
the	*le, la, les*
cupboard	*placard*

Dialogue 2

CD1 piste 4

Petit à petit, les choses se gâtent !

Angela	Don't put that cushion there!
Brian	Take those books off my desk!
Angela	Brian! What's this? There are two bottles of beer in the bathroom...
Brian	... and there's an ashtray behind my computer. Really, you're impossible!

VOCABULAIRE

cushion	*coussin*
to take off	*enlever, ôter*
book	*livre*
desk	*bureau (meuble)*
What's this?	*Qu'est-ce que c'est ?*
there is/are	*il y a*
bottle of beer	*bouteille de bière*
bathroom	*salle de bains*
ashtray	*cendrier*
behind	*derrière*
computer	*ordinateur*
really	*vraiment*
impossible	*impossible*

Dialogue 3

CD1 piste 4

Pendant ce temps-là, Gus et Tammy passent déposer du courrier chez les Frémont.

Gus	Hello, Sandrine, there are three letters for you.
Sandrine	Thanks, come in, please.
Gus	And this postcard is for Nicolas, it's in French...
Nicolas	Do you speak French, Gus?

Gus	Well no, but I speak English quite well, like an American!
Tammy	And I speak English and Chinese.

VOCABULAIRE

letter	*lettre*
to come in	*entrer*
postcard	*carte postale*
Do you speak...?	*Parlez-vous/parles-tu…?*
quite well	*assez bien*

Dialogue 4

CD1 piste 4

Nicolas	What do you do, Tammy?
Tammy	I'm an engineer.
Gus	And I'm a shop assistant.
Sandrine	What do Brian and Angela do?
Tammy	Brian's a taxi-driver and Angela's a student.

VOCABULAIRE

What do you do?	*Que faites-vous/fais-tu (dans la vie) ?*
engineer	*ingénieur*
shop assistant	*vendeur(euse)*
taxi-driver	*chauffeur de taxi*
student	*étudiant(e)*

Grammaire

1) L'impératif

Pour dire à quelqu'un de faire quelque chose, au singulier ou au pluriel, on utilise le verbe sans **to**. Pour dire à quelqu'un de ne pas faire quelque chose, on ajoute **don't** devant ce même verbe. Dans ce contexte **do** est un verbe outil, ou auxiliaire, il n'a donc pas de sens propre.

Don't speak French, speak English! *Ne parlez pas français, parlez anglais !*

2) It

Si en français on distingue les noms masculins des noms féminins, en anglais on distingue ce qui est humain de ce qui n'est pas humain. Au singulier, **he** et **she** renvoient respectivement à une personne de sexe féminin ou masculin.

Pour tout le reste, animaux, objets, idées, etc., on emploie la forme neutre **it**. Attention, il s'agit seulement du singulier !

Pour le verbe **to be**, on trouve donc **it's = it is**, **it isn't = it is not** et **is it?**

3) This/that, these/those

Ces termes sont placés devant un nom. **This** et **these** (ce/cette/cet, ces) indiquent que l'objet en question est proche alors que **that** et **those** (celui-ci/celle-ci/celui-là/celle-là ; celles-ci/ceux-ci/celles-là/ceux-là) établissent une distance entre celui qui parle et l'objet. En français on ajoute *-ci* ou *-là* pour apporter cette précision. **This** et **that** s'utilisent au singulier, et **these** et **those** au pluriel. Il n'y a pas de distinction entre le masculin et le féminin. Voici quelques exemples :

this chair	*cette chaise-ci*	**that cup**	*cette tasse-là*
these bottles	*ces bouteilles-ci*	**those students**	*ces étudiants-là*

4) There is/are

Pour dire *il y a*, on emploie le verbe **to be** au lieu du verbe *avoir*. Il faut penser aussi à distinguer le singulier et le pluriel : **there is** au singulier et **there are** au pluriel. Une seule forme contractée est possible : **there's** à la place de **there is** ; **there are** reste entier, car la forme contractée serait trop difficile à prononcer.

5) Les articles

Les articles que vous avez rencontrés dans les dialogues sont **a (an)** pour *un* ou *une* et **the** pour *le, la, (l')* ou *les*. Il n'y a pas de masculin ni de féminin. Il faut simplement faire attention à remplacer **a** par **an** devant un son voyelle. C'est pour faciliter la liaison. N'oubliez pas que le **h** est un son consonne, puisqu'il est généralement prononcé (aspiré) en anglais.

L'article **a (an)** est toujours employé devant un nom de métier.

I'm a doctor.	*Je suis médecin.*
She's an organist.	*Elle est organiste.*

Exercices

a

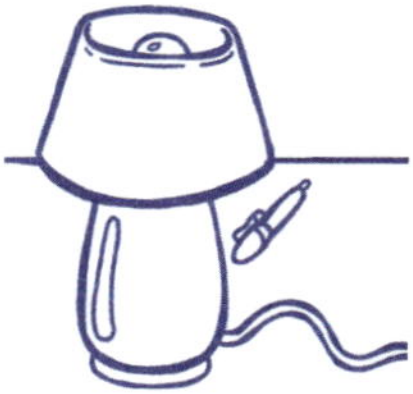

b

c

d

1) Complétez les phrases en indiquant la position des objets.

- **a** It's … the lamp.
- **b** It's … the magazine.
- **c** They're … the vase.
- **d** They're … the radiator.

2) Complétez avec **a**, **an** ou **the**.

- **a** There's … apple on the chair.
- **b** There's … car behind the bus.
- **c** … flowers are in the garden.
- **d** There's … orange under the chair.
- **e** … sun is behind a cloud.
- **f** There's … hotel next to the police station.

3) Posez les questions qui correspondent aux phrases suivantes, en utilisant les mots entre parenthèses.

- **a** I'm a doctor. (do)
- **b** It's in the living room. (telephone)
- **c** She's a secretary and he's a policeman. (Mr and Mrs Murray)
- **d** Yes, quite well. (English)
- **e** They're on the table in the kitchen. (cups)
- **f** It's a letter. (be)

4) Remettez ces phrases dans l'ordre.

- **a** in/bottles/please/these/put/kitchen/the
- **b** cushion/there's/a/sofa/the/on
- **c** off/books/take/television/those/the/!
- **d** living room/four/are/there/the/chairs/in
- **e** next/cup/to/don't/my/ashtray/put/that/!
- **f** on/letters/those/desk/put/the/!

Le logement

En Grande-Bretagne, la population n'est pas répartie de façon homogène : elle est plutôt dense dans le sud-est de l'Angleterre, alors que l'Écosse et le pays de Galles sont moins peuplés.

En outre, l'habitat dispersé en milieu rural – encore fréquent en France – n'est pas répandu en Grande-Bretagne : la vie urbaine et les grosses conurbations dominent.

Ce déséquilibre géographique est synonyme de logements rares (et donc très chers), en particulier dans les très grandes villes anglaises comme Londres, Birmingham et Liverpool.

Les jeunes Britanniques éprouvent donc des difficultés pour investir dans l'immobilier ou simplement pour se loger : la colocation (**flat-sharing**) est ainsi devenue un vrai fait de société.

L'achat d'une propriété ou d'un logement est, de manière générale, beaucoup plus répandu en Grande-Bretagne qu'en France, alors vous comprendrez sans doute pourquoi nos amis britanniques, si désireux d'accéder à la propriété, viennent nombreux s'installer en France…

Mini-test

CD1 piste 4

- **a** On frappe à la porte de la salle de bains, mais vous n'êtes pas présentable, vous vous exclamez…
- **b** Dites que vous êtes chauffeur de taxi.
- **c** Dites que vous ne parlez pas très bien espagnol.
- **d** Le courrier est arrivé, vous dites à votre colocataire qu'il y a deux lettres pour lui.
- **e** Vous montrez des livres et vous demandez à votre enfant de les enlever de la chaise.

04

Get up lazybones!

Debout paresseux !

Dans ce chapitre vous apprendrez à :

- parler des habitudes quotidiennes
- à parler de vos activités
- demander et donner l'heure
- poser des questions

Avant de commencer...

Angela et Brian ont leurs habitudes, comme tout le monde. Voici dans ce chapitre un petit aperçu de leurs activités quotidiennes. Pour en parler nous utiliserons de nouveaux verbes au présent simple.

Activité

Angela et Brian ont utilisé l'impératif pour se donner mutuellement des ordres. Reprenons ces structures, qui vous seront très utiles pour l'apprentissage du présent simple utilisé plus loin dans ce chapitre.

Complétez les phrases ci-dessous avec un des verbes suivants :

put • **take off** • **work** (*travailler*) • **come in** • **speak** • **sit** (*s'asseoir*)

a No, ... on that chair!
b ... ... please.
c No, ... those bottles in the bathroom!
d ... the ashtray ... the desk!
e ... English, not French!
f No, ..., it's the weekend!

Dialogue 1

CD1 piste 5

En général ils se réveillent à sept heures. Brian a plus de mal à se lever qu'Angela.

Angela	Get up lazybones! It's seven o'clock. You always stay in bed late.
Brian	I'm tired, I want to sleep.
Angela	Please, Brian, you make breakfast this morning.
Brian	All right, go and have your shower.

VOCABULAIRE

to get up	*se lever*
always	*toujours*
to stay in bed	*rester au lit*
late	*tard*
tired	*fatigué(e)*
to want	*vouloir*
to sleep	*dormir*
to make breakfast	*faire/préparer le petit déjeuner*
morning	*matin*
to go	*aller*
to have a shower	*prendre une douche*

Dialogue 2

CD1 piste 5

Les Frémont ont eux aussi leurs habitudes, mais pas tout à fait les mêmes. Tammy est passée les voir. Comme ils ne travaillent pas encore, elle leur demande comment ils passent leurs journées.

Sandrine	After breakfast, I read the newspaper.
Nicolas	And I do the washing up.
Tammy	What do you do after that?
Nicolas	We don't work, so in the morning we go to the gym.
Sandrine	Then, at half past twelve we have lunch.
Tammy	Do you stay in or go out in the afternoon?
Nicolas	We study English and then walk in the park for an hour.
Tammy	Do you drink tea, like the English?
Sandrine	I drink tea, but Nicolas doesn't.

Nicolas	But, in the evening, at eight thirty we meet friends at the pub, like the British!
Sandrine	At ten thirty, I go to bed.
Nicolas	... and I watch television!

VOCABULAIRE

after	*après*
to read the newspaper	*lire le journal*
to do the washing up	*faire la vaisselle*
What...?	*Qu'est-ce que… ?*
to do	*faire*
so	*alors*
gym	*salle de sport*
then	*puis*
lunch	*déjeuner*
to stay in	*rester à la maison*
to go out	*sortir*
afternoon	*après-midi*
to study	*étudier*
to walk in the park	*marcher/se promener au parc*
hour	*heure*
to drink tea	*boire du thé*
evening	*soir, soirée*
to meet friends	*rencontrer des ami(e)s*
to go to bed	*aller se coucher*
to watch	*regarder*

Dialogue 3

CD1 piste 5

Il est temps de partir pour Tammy, elle a invité une amie à prendre le thé.

Tammy	What time is it, please?
Sandrine	It's a quarter to five.
Tammy	Come and have a cup of tea with me and Gemma!
Nicolas	Not for me, thanks!
Sandrine	OK Tammy, see you later, Nicolas!

What time is it?	*Quelle heure est-il ?*
to come	*venir*
Not for me.	*Pas pour moi.*

Grammaire

1) Le présent simple

La plupart du temps, le présent simple est formé avec le verbe à l'infinitif sans **to** précédé d'un sujet. Lorsque le sujet est à la troisième personne du singulier (**he**, **she**, **it**, etc.) on ajoute **-s** ou **-es** à la fin du verbe.

Pour faire les phrases négatives et les questions, on utilise le verbe auxiliaire **to do**. C'est aussi cet auxiliaire qui porte le **-s** de la troisième personne du singulier et devient **does**.

+ Forme affirmative

I/you/we/they	drink tea.
he/she/it	drink**s** tea.

- Forme négative

I/you/we/they	don't drink tea.
he/she/it	do**es**n't drink tea.

? Forme interrogative

Do I/you/we/they	drink tea?
Do**es** he/she/it	drink tea?

Réponses brèves

Yes, I/you/we/they do.	No, I/you/we/they don't.
Yes, he/she/it do**es**.	No, he/she/it do**es**n't

• Pour les formes contractées, **don't** correspond à **do not** et **doesn't** à **does not**.

2) Les nombres de 20 à 1000

CD1 piste 5

Les dizaines ne posent pas de difficulté particulière, comme vous pourrez le constater en lisant la liste ci-contre, mais à partir du nombre 100, on ajoute **and** devant le dernier élément.

20 twenty	**21** twenty-one	**22** twenty-two
23 twenty-three	**24** twenty-four	**25** twenty-five
26 twenty-six	**27** twenty-seven	**28** twenty-eight
29 twenty-nine	**30** thirty	**40** forty
50 fifty	**60** sixty	**70** seventy
80 eighty	**90** ninety	**100** one hundred
101 one hundred and one	**120** one hundred and twenty	**1000** one thousand

3) L'heure

CD1 piste 5

a It's four o'clock.

Il est quatre heures ou *il est seize heures.*

b It's a quarter past five.

It's five fifteen.

Il est cinq heures et quart (quinze) ou *il est dix-sept heures quinze.*

c It's half past eleven.

It's eleven thirty.

Il est onze heures et demie (trente) ou *il est vingt-trois heures trente.*

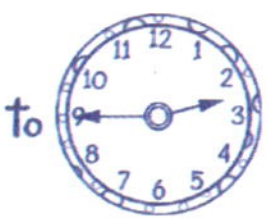

d It's a quarter to three.

It's two forty-five.

Il est trois heures moins le quart (quarante-cinq) ou *il est quatorze heures quarante-cinq.*

e It's ten (minutes) to one.

It's twelve fifty.

Il est une heure moins dix ou *il est treize heures moins dix.*

f It's twenty-five (minutes) past six.

It's six twenty-five.
Il est six heures vingt-cinq ou *il est dix-huit heures vingt-cinq.*

It's twelve o'clock. = It's midday. = *Il est midi.*

It's twelve o'clock. = It's midnight. = *Il est minuit.*

On compte les heures de 1 à 12 en anglais, en précisant éventuellement s'il s'agit du matin, de l'après-midi ou du soir. On compte de 1 à 24 seulement pour les horaires (trains, avions, etc.) ou dans un contexte professionnel. À l'écrit on trouve les précisions **am** (*ante meridiem*) pour les heures avant midi et **pm** (*post meridiem*) pour les heures après midi. Dans ce cas-là, on n'ajoute pas **o'clock**.

4) *Do* verbe ou auxiliaire ?

Vous avez peut-être été surpris(e) de voir la question **what do you do?** dans les dialogues. La répétition de **do** n'est pas une erreur, car le premier **do** est l'auxiliaire (un verbe-outil qui n'a pas de sens propre). Le deuxième **do** est le verbe principal, qui veut dire *faire*.

He doesn't do the washing up. *Il ne fait pas la vaisselle.*

Exercices

1) Complétez les phrases suivantes à la forme affirmative (+) ou négative (-) avec le verbe donné entre parenthèses.

a (+) He ... in bed. (to stay)
b (+) She ... to the gym. (to go)
c (-) He ... television. (to watch)
d (-) She ... the newspaper. (to read)
e (+) She ... at seven. (to get up)

2) Mettez les phrases suivantes à la forme négative.

a I like beer.
b Martin smokes.
c She speaks Spanish.
d This dog eats fish.
e They're Chinese.

3) Complétez les phrases suivantes. Les verbes vous sont donnés entre parenthèses. Vous devez choisir à chaque fois entre la forme affirmative ou négative.

a Sandrine and Nicolas ... from Paris, they ... from Nantes. (be)

b The Frémonts ..., they ... at home. (work/stay)

c The British ... newspapers regularly. (read)

d My daughter ... the washing up very often. (do)

e Wives sometimes ... football on TV and ... beer at the pub! (watch/drink)

often	*souvent*
sometimes	*quelquefois*

4) Entraînez-vous à dire l'heure en donnant deux possibilités à chaque fois. Précisez, lorsque c'est possible, sil s'agit du matin **(am)** ou de l'aprés-midi **(pm)**.

a 9.20

b 12.00

c 13.15

d 21.45

e 23.30

5) Posez les questions suivantes en anglais.

a Est-ce que tu parles russe ?

b Est-ce que ton épouse regarde la télé régulièrement ?

c Est-ce que tu bois du thé ?

d Est-ce que ton fils et ta fille préparent le petit déjeuner ?

e Est-ce que ton ami travaille ?

6) Trouvez le nom correspond à chaque enseigne..

1

2

3

4

a The Old Goldfish
b The Tired Dog
c The White Horse
d The Black Sheep

Le pub

Le pub (abréviation de **public house**) est un type de café ou de bar, essentiel dans la culture britannique, où l'on boit généralement de la bière même si de nombreuses autres boissons y sont servies. Les Britanniques s'y retrouvent souvent pour boire un verre, même si certains pubs proposent également de la nourriture le midi ou le soir. Ces plats, appelés familièrement **pub grub**, sont souvent traditionnels comme le **fish and chips** ou le **ploughman's lunch** (assiette froide composée de fromage, salade et pain), mais selon les pubs, on trouve aussi des plats plus sophistiqués ou des spécialités étrangères.

Les pubs proposent de nombreux divertissements à leurs clients : machines à sous, fléchettes, billard par exemple. De plus, certains établissements organisent des **karaoke nights** et des **pub quizzes** (jeux de culture générale particulièrement appréciés des Britanniques) et retransmettent des événements sportifs sur grand écran. Certains adeptes pratiquent le traditionnel **pub crawl** ou tournée des bars, mais personne ne vous oblige à tester tous les établissements de la ville avant de choisir votre pub préféré !

La réglementation des horaires d'ouverture était très stricte auparavant. Les pubs étaient fermés en début de matinée et l'après-midi en particulier. Mais malgré de nombreuses réticences, le Gouvernement britannique a récemment étendu les horaires d'ouverture des pubs. En revanche, ces établissements restent interdits à tous les mineurs de moins de 16 ans non accompagnés.

Mini-test

Vous connaissez désormais des verbes pour décrire vos activités quotidiennes. Rédigez cinq ou six phrases affirmatives ou négatives pour décrire une de vos journées typiques. Essayez de réemployer autant de vocabulaire que possible et n'hésitez pas à inventer si cela vous amuse !

05

How strange!

Comme c'est étrange !

Dans ce chapitre vous apprendrez à :

- parler des habitudes quotidiennes
- dire ce que vous aimez
- parler des animaux domestiques

Avant de commencer...

Le jeune couple français connaît de plus en plus de monde dans le quartier. Ils ont remarqué que certains voisins sont assez étranges. Leurs goûts et leurs habitudes vous surprendront peut-être…

Activité

CD1 piste 6

Avant de commencer cette activité, assurez-vous que vous êtes capable de demander à votre interlocuteur ce qu'il ou elle fait dans la vie, et quels sont ses loisirs. Vous lui poserez également une question concernant les horaires. Reprenez ces points dans le chapitre précédent si nécessaire.

Gus fait la connaissance d'une amie italienne de Tammy. Il cherche à lui faire parler d'elle et à l'inviter à boire un verre. Complétez le dialogue.

Gus ...?
Francesca I'm a student.
Gus ...?
Francesca I study English and Spanish.
Gus ...?
Francesca I'm from Florence.
Gus … in the evening?
Francesca I go out to the pub.
Gus ...?
Francesca At half past seven.
Gus What a coincidence! I often go to the pub at seven thirty!

Compréhension

CD1 piste 6

Mr Turner

Mr Alfred Turner is seventy-eight. He lives in a flat at number thirteen Rosemary Avenue. He isn't married but he has four cats. Their names are Paul, John, George and Ringo, like the Beatles. He always gets up at precisely seven thirty-five. He has breakfast but he doesn't brush his teeth. He smokes a pipe after lunch and then goes to feed the ducks in the park. He likes animals and the Royal Family but he doesn't like children, politicians or the police.

VOCABULAIRE

What a coincidence!	*Quelle coïncidence !*
flat	*appartement*
at number thirteen	*au numéro treize*
to have	*avoir*
cat	*chat*
their	*leur, leurs*
precisely	*précisément*
to brush	*brosser*
tooth (pl: teeth)	*dent*
to smoke a pipe	*fumer la pipe*
to feed	*donner à manger à, nourrir*
duck	*canard*
to like	*aimer bien*
the Royal Family	*la famille royale*
child (pl: children)	*enfant*
politician	*homme/femme politique*
or	*ou*

The Smiths

Annie Smith is a nurse. She lives in a house on Brent Road. She's married to Tom, the butcher. Annie has three mice and an old dog. It's called Snooze because it sleeps all the time. Tom has a canary; its name is Jerry, of course! Snooze doesn't like the bird, because it sings all the time. Annie says: "Our pets are like our children".

VOCABULAIRE

nurse	*infirmier(ère)*
house	*maison*
butcher	*boucher(ère)*
mouse (pl: mice)	*souris*
old	*vieux(eille)*
dog	*chien*
It's called…	*Il/Elle s'appelle… (non humain)*
because	*parce que*
all the time	*tout le temps*
canary	*canari*
its	*son, sa, ses (non humain)*
bird	*oiseau*
to sing	*chanter*
to say	*dire*
our	*notre, nos*
pet	*animal domestique*

Lisez les phrases suivantes et cochez **true** ou **false**, *vrai* ou *faux* pour chacune.

		true	false
a	Mr Turner is 77.	☐	☐
b	He lives in a house.	☐	☐
c	He has 4 cats.	☐	☐
d	He doesn't get up at 8 o'clock.	☐	☐
e	He doesn't like ducks but he likes children.	☐	☐
f	Mrs Smith is a doctor.	☐	☐
g	Her husband is a butcher.	☐	☐
h	She doesn't have a dog.	☐	☐
i	The canary's called Jerry.	☐	☐
j	It doesn't sing.	☐	☐

Grammaire

1) Its, our, their

Its, **our** et **their** complètent la liste des adjectifs possessifs fournie au chapitre 2. Rappelez-vous qu'ils sont tous invariables et ne s'accordent jamais avec le nom qui suit. Comme pour le pronom **it**, le possessif **its** fait référence à un élément non humain et il n'a pas de genre. Ne le confondez pas avec **it's** qui est la forme contractée de **it is**.

Voici la liste complète des pronoms et adjectifs possessifs.

Pronom personnel	Adjectif possessif	Exemple
I	my	my name is Sandrine Frémont
you	your	your name is Brendan
		your names are Brendan and Carrie
he	his	his name is Gus
she	her	her name is Tammy
it	its	its name is Jerry
we	our	our surname is Frémont
they	their	their names are Charles and Anne

2) To have

Voici un verbe très utile et moins irrégulier que **to be**. Vous savez déjà qu'il faut ajouter un **-s** à la fin du verbe si le sujet est à la troisième personne singulier (ce qui correspond aux pronoms **he**, **she** ou **it**). Au présent, le verbe **to have** devient **has** à la troisième personne du singulier, et **have** à toutes les autres personnes.

I **have** a dog.	*J'ai un chien.*
Tom **has** a cat.	*Tom a un chat.*

3) Le pluriel des noms

En règle générale il suffit d'ajouter **-s** à un nom singulier pour le mettre au pluriel, mais il y a d'autres cas de figure que nous vous présentons ici.

- On ajoute :

-s dans la plupart des cas

bottle (*bouteille*) → bottle**s** horse (*cheval*) → horse**s**

-es lorsque le mot se termine par les sons [**ch**], [**tch**], [**s**] ou [**z**]

church (*église*) → church**es** dish (*plat*) → dish**es**

-es après les mots se terminant par la lettre **o**

tomat**o** (*tomate*) → tomato**es**

potat**o** (*pomme de terre*) → potato**es**

-ies pour les mots terminant par une consonne **+ y**

countr**y** (*pays*) → countr**ies**

compan**y** (*société*) → compan**ies**

-ves après les mots se terminant par le son [**f**]

wi**fe** (*épouse*) → wi**ves** kni**fe** (*couteau*) → kni**ves**

- Pluriels irréguliers (qu'il faut apprendre) :

child (*enfant*) → child**ren**

man (*homme*) → m**e**n

woman (*femme*) → wom**e**n

tooth (*dent*) → t**ee**th

mouse (*souris*) → m**ice**

Prononciation

CD1 piste 6

Comme le **-s** est la marque du pluriel dans la plupart des cas, nous nous pencherons dans ce chapitre sur la prononciation de celui-ci. Tout d'abord cette consonne se prononce [**s**] ou [**z**], comme dans *basse* et *base*. Entraînez-vous à lire les deux listes suivantes :

[**s**] : this • stop • coats • books • bus • sleep

[**z**] : please • those • trousers • knives • busy • cheese

Au pluriel, on ajoute **-es** aux mots qui se terminent par un son [**ch**], [**tch**], [**s**] ou [**z**], et il faut prononcer cette syllabe supplémentaire pour faire entendre le **-s** final.

[**iz**] : watches • buses • churches • brushes • glasses • causes

Certains verbes se terminent par ces mêmes sons, et à la troisième personne du singulier, on ajoute **-es** de la même manière si le verbe se termine par un son [**ch**], [**tch**], [**s**] ou [**z**]. Dans ce cas la règle de prononciation est la même, il faut prononcer cette syllabe ajoutée pour faire entendre le **-s**. Voici quelques exemples de verbes qui se terminent en **-es**.

washes • teaches • faces • causes • pleases

Exercices

1) Complétez les phrases avec **he**, **she**, **it** ou **they** :

- **a** Tom goes to the pub at seven thirty and ... drinks beer.
- **b** Jerry, the canary, sings all the time but ... doesn't like pop music.
- **c** Anne is a nurse. ... lives in a house.
- **d** Mr Turner doesn't like children but ... likes animals.
- **e** His cats are strange. ... watch television.

2) Mettez les phrases au pluriel, comme dans l'exemple.

ex.: She likes her horse. → They like their horses.

- **a** He feeds the duck.
- **b** The village has one church. (*3 églises*)
- **c** I have one child. (*4 enfants*)
- **d** She doesn't want a mouse. (*sans* **a** *au pluriel*)
- **e** My son is an engineer. (*sans* **an** *au pluriel*)
- **f** My friend is British.

Les animaux domestiques

Un foyer britannique sur deux possède un animal domestique, souvent un chat ou un chien, mais aussi parfois un lapin, une tortue, des poissons rouges, des oiseaux ou même des reptiles.

Les Britanniques, comme les Français, sont en général très attachés à leurs animaux domestiques, qui font souvent partie intégrante de la famille. D'après une récente étude, un Britannique sur trois fêterait l'anniversaire de son chien en lui offrant un cadeau ou en ayant une attention particulière !

Les animaux sont un des sujets favoris des médias au Royaume-Uni : des bébés phoques aux baleines en passant par les chiens abandonnés. Les thèmes tels que la vivisection sont assez sensibles dans ce pays. Les associations pour la protection des animaux sont également bien implantées sur le territoire et très actives. La **RSPCA (Royal Society for the Prevention of Cruelty to Animals)** par exemple, qui est l'équivalent de la SPA française, est l'une des associations caritatives les plus importantes en Grande-Bretagne.

Sur le plan pratique, si vous envisagez de partir outre-Manche avec votre chien ou votre chat, sachez qu'il faut prendre les mesures nécessaires plus de six mois à l'avance pour éviter toute surprise désagréable.

Test d'autoévaluation 01

Pour faire le bilan de ces cinq premiers chapitres, commencez par le test d'autoévaluation, page **205**. Si vous constatez que certains points abordés restent peu clairs, il est peut-être utile de reprendre attentivement les chapitres 1 à 5.

06

Family and friends

La famille et les amis

Dans ce chapitre vous apprendrez à :

- présenter quelqu'un
- identifier quelqu'un
- parler de la famille et des amis

Avant de commencer...

Si Sandrine et Nicolas ont eu l'idée d'aller en Grande-Bretagne, c'est un peu grâce à la mère de Nicolas, dont la correspondante Caitlin est écossaise. L'influence de Caitlin s'est également étendue à son petit-fils, Ewan, qui a lui aussi développé un goût pour la correspondance franco-britannique.

Activité

Avant de poursuivre, reprenons deux points importants du chapitre précédent : les adjectifs possessifs et le pluriel des noms. Si vous hésitez à répondre, relisez les deux points de grammaire concernés.

Complétez les phrases suivantes :

a Les sept adjectifs possessifs sont...
b L'adjectif possessif **its** renvoie à... et il n'a pas de...
c Les traductions de *sa femme* et *son mari* sont...
d Les pluriels de **table**, **mass**, **baby**, **life** (*vie*) et **woman** sont...

Dialogue 1

CD1 piste 7

Lors d'un voyage en Écosse, Véronique, la mère de Nicolas, rend enfin visite à sa correspondante écossaise, Caitlin Stuart. Ici, Caitlin lui présente sa famille, représentée sur des photos affichées au mur.

Caitlin	These are my children.
Véronique	What are their names?
Caitlin	These are my daughters, Jenna and Beth, and these are my sons, Murray and Craig.
Véronique	Oh, I see you like horses...
Caitlin	Yes, this is my favourite horse!
Véronique	And this man? And this woman? Who are they?
Caitlin	They are my parents, my father, Hamish, and Molly, my dear mum.
Véronique	Your surname is Stuart, like the famous Queen Mary. Is she your ancestor?
Caitlin	Perhaps, but I don't think so. Now come and try our whisky!

VOCABULAIRE

These are my children.	*Voici mes enfants.*
this is	*voici ; c'est*
daughter	*fille*
favourite	*préféré(e)*
horse	*cheval*
man, pl: men	*homme*
woman, pl: women	*femme*
Who?	*Qui ?*
parent	*parent*
father	*père*
mother	*mère*
mum, mummy	*maman*
surname	*nom de famille*
ancestor	*ancêtre*
perhaps	*peut-être*
I don't think so.	*Je ne crois pas.*

Dialogue 2

CD1 piste 7

Ewan, treize ans, a commencé le français en sixième, et cette langue le passionne. Alors, sa grand-mère lui a suggéré de faire comme elle et de chercher un correspondant en France. Ewan a cherché son correspondant sur Internet. C'est là que le message de Renaud a retenu son attention. Après le premier contact par e-mail, Ewan a invité Renaud à dialoguer en ligne.

Ewan	Hi, Renaud, how are you?
Renaud	Hello, Ewan, I'm fine thanks. I'm happy you want to be my pen pal.
Ewan	So am I! You have a pet, don't you?
Renaud	Yes, I have a turtle. Do you have a pet?
Ewan	Yes, it's a hamster.
Renaud	Oh, they're nice. I love animals. Do you like music?
Ewan	Yes, I listen to rock, pop and punk.
Renaud	Oh really, so do I! But I don't like books.
Ewan	Neither do I, except Harry Potter. I prefer comic strips.
Renaud	Yes, Harry Potter is great.
Ewan	But I love sports too, especially soccer.
Renaud	Fantastic! I support Arsenal, France and England.
Ewan	And what do you want to be when you grow up?
Renaud	A policeman perhaps. But first I want to see the world.
Ewan	So do I! And first, I want to come to France to see you!

VOCABULAIRE

pen pal	*correspondant(e)*
so am I	*moi aussi*
turtle	*tortue d'eau*
nice	*gentil(le)*
to listen to	*écouter*
neither do I	*moi non plus*
except	*sauf*
comic strip	*bande dessinée*
great	*super*
especially	*surtout*
soccer	*football*
to grow up	*grandir*
first	*d'abord*
to see	*voir*
world	*monde*
so do I	*moi aussi*

Grammaire

1) This is, these are

Vous pouvez présenter un ami, un collègue ou un membre de votre famille en utilisant **this is** ou **these are**. Dans ce cas, les deux phrases correspondent à *voici*. Pour une seule personne, dites **this is,** et pour plusieurs **these are**.

2) That is, those are

Vous pouvez montrer et identifier des personnes de loin en employant **that is** et **those are**, qui sont des équivalents de *voilà* en français. La même distinction s'applique ici entre le singulier (**that is**) et le pluriel (**those are**).

3) So

So a plusieurs sens et fonctions. Dans les dialogues précédents, vous en avez rencontré deux.

- **I think so, I don't think so**

Ce sont des répliques brèves qui servent à répondre affirmativement ou négativement sans répéter la phrase initiale en entier. Il n'y a pas de traduction directe de **so**.

Does he like fish? – I think so.
Est-ce qu'il aime le poisson ? – Je crois que oui.
Are they French? – I don't think so.
Est-ce qu'ils sont français ? – Je ne le crois pas.

- **So am I, neither am I**

Après une phrase affirmative, on emploie **so** devant **be** ou l'auxiliaire **do**, suivi du sujet pour traduire *moi aussi*.

We're Welsh. – So am I!
Nous sommes gallois. – Moi aussi !
I like tennis. — So do I!
J'aime le tennis. – Moi aussi !

Après une phrase négative, on emploie **neither** à la place de **so** pour dire *moi non plus.*

I'm not very well today. – Neither am I.
Je ne vais pas très bien aujourd'hui. – Moi non plus !
Mr Turner doesn't like politicians. – Neither do I!
Monsieur Turner n'aime pas les hommes politiques. – Moi non plus !

Exercices

1) Faites les présentations !
a ... my parents.
b ... our children, Mary and John.
c ... my favourite uncle, Norman.

2) Et là-bas, qui est-ce ? Qu'est-ce que c'est ?
a ... Tom, the butcher.
b ... her sister, Jane.
c ... their favourite birds.

3) Complétez avec un adjectif possessif.

a This is Carrie and ... son.

b This is Brendan and ... daughter.

c Those are ... children.

d Carrie and Brendan:
"This is ... cat."

e This is Star and ... fish.

4) Voici l'arbre généalogique de la famille de Caitlin. Certains membres de cette famille ont été omis. Lisez les informations suivantes pour compléter l'illustration.

> Caitlin has one sister, called Jodie. Jenna, Caitlin's daughter, has two children, Ewan and his brother Jay. Caitlin is their grandmother and her husband is their grandfather. His name is Finlay. The grandchildren have one aunt, Beth, and two uncles, Murray and Craig.

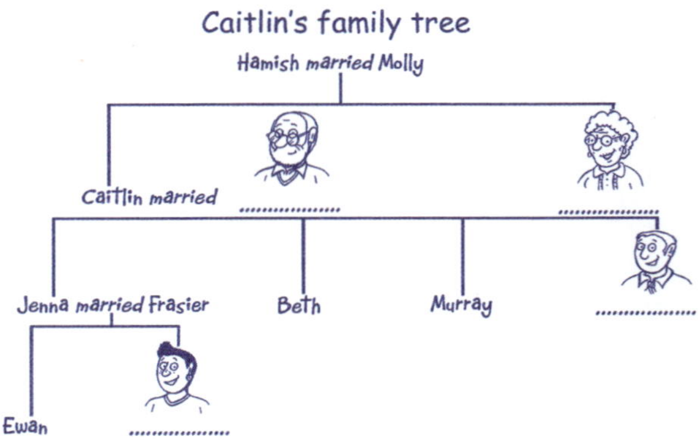

Si vous avez su compléter les éléments manquants, alors, vous avez sans doute déduit le sens de **sister**, **brother**, **aunt**, **uncle**, **grandmother**, **grandfather** et **grandchildren**. Donnez la traduction de chacun de ces mots.

5) Traduisez en anglais.

- **a** Je n'aime pas le lait (**milk**). – Moi non plus !
- **b** Ils sont riches (**rich**), non ? – Je crois que oui.
- **c** C'est ton oncle là-bas, n'est-ce pas ? – Je ne crois pas.
- **d** J'ai quatre petits enfants. – Moi aussi !
- **e** Je suis en retard (**late**). – Moi aussi !

Prononciation

CD1 piste 7

Si vous avez l'enregistrement, écoutez ces deux groupes de mots et répétez-les. Sinon, reprenez le guide de prononciation page **ix**, puis lisez les mots ci-dessous en imitant le son donné.

- **i** ou **y** se prononcent [aïe] :

I • my • hi • five • nine • fine • bye • wife • nice • Irish

- le [i] est très court, il s'agit d'un son entre le [i] et le [e] en français :

this • it • is • fifteen • children • live • six • Irish

Tous les mots de plus d'une syllabe se prononcent avec une syllabe accentuée en anglais, c'est-à-dire que l'on insiste sur une partie du mot. Lisez ces mots faciles à comprendre en insistant sur la partie en caractères gras.

telephone • infor**ma**tion [meï] • **toi**lets [toï] • **sho**pping [cho] • com**pu**ter [piou] • **o**range • po**li**ce

La littérature

La Grande-Bretagne a une tradition littéraire exceptionnellement riche : William Shakespeare, Jane Austen, Charles Dickens et George Orwell sont toujours lus dans le monde entier.

Aujourd'hui, l'engouement populaire pour la littérature britannique va très souvent vers d'autres genres comme le roman policier, le fantastique et la science-fiction, qui ont une longue tradition dans le pays. Certains personnages sont particulièrement appréciés en Grande-Bretagne et ailleurs : Miss Marple et Hercule Poirot de Agatha Christie par exemple, mais aussi Bilbo le Hobbit de J.R.R. Tolkien, et Sherlock Holmes de Sir Arthur Conan Doyle.

Enfin, la littérature britannique pour enfants réussit très bien à franchir les frontières grâce à sa qualité et à sa diversité. J.K. Rowling est une grande ambassadrice du Royaume-Uni et un phénomène de l'édition, puisque Harry Potter a été vendu à plus de 100 millions d'exemplaires dans le monde.

Mini-test

CD1 piste 7

Avant d'aborder le prochain chapitre, vérifiez que vous savez compter en anglais et que vous avez retenu le vocabulaire et les expressions abordés dans ce chapitre.

a Comptez à l'envers de vingt à un.

b Mettez les noms suivants au pluriel : **horse**, **sister**, **man**, **tomato**, **country**, **dish**, **child**, **turtle**.

c Comment dit-on *il y a* au singulier et au pluriel ?

d Traduisez en anglais : *moi aussi, je ne crois pas, peut-être, surtout*.

07

Come round for a meal!

Venez manger chez nous !

Dans ce chapitre vous apprendrez à :

- accepter, refuser et faire une invitation
- vous excuser
- dire que vous ne comprenez pas
- demander un mot en anglais
- faire des suggestions
- dire les dates

Avant de commencer...

Sandrine et Nicolas sont maintenant beaucoup plus à l'aise dans leur nouvelle vie. Pour faire du sport et pour rencontrer des gens, ils se sont inscrits dans un club de gym. Ils se lient d'amitié avec Jennifer et Daniel Harris, qui les invitent à dîner.

Activité

CD1 piste 8

Après une petite révision du chapitre précédent, vous pourrez traduire en anglais cette conversation entre Véronique et Caitlin où Véronique montre une photo de son fils Nicolas.

Véronique	Voici mon fils, Nicolas.
Caitlin	Qui est cette femme avec lui ?
Véronique	C'est sa femme, Sandrine.
Caitlin	J'aime bien son prénom.
Véronique	Moi aussi !
Caitlin	Est-ce qu'ils veulent essayer notre whisky aussi ?
Véronique	Je crois que oui !

Dialogue 1

CD1 piste 8

Jennifer téléphone chez les Frémont pour les inviter à dîner le vendredi 21.

Jennifer	Hello, Sandrine? It's Jennifer here.
Sandrine	Oh, hello, Jennifer, nice to hear from you! How are you?
Jennifer	I'm fine thanks. This is just a quick call to invite you round for a meal.
Sandrine	That's kind of you. This week, you mean?
Jennifer	Yes, can you come on Friday, the 21st?
Sandrine	I'm sorry, we'd love to come but we're busy that evening.
Jennifer	Never mind. What about Saturday?
Sandrine	Oh dear, we can't come on Saturday...
Jennifer	What about next week? When are you free?
Sandrine	Let's see... We're free on Tuesday...
Jennifer	Great! Tuesday it is then. Is six thirty all right?
Sandrine	Yes, that's fine.
Jennifer	See you on Tuesday then...

VOCABULAIRE

here	*à l'appareil (littéralement « ici »)*
quick call	*rapide coup de fil*
to invite you round for a meal	*vous inviter à manger chez nous*
meal	*repas*
That's kind of you.	*C'est gentil de ta/votre part.*
week	*semaine*
to mean	*vouloir dire*
Can you come?	*Pouvez-vous venir ?*
We'd love = we would love…	*Nous aimerions beaucoup…*
busy	*occupé(e)*
Never mind.	*Ça ne fait rien.*
What about Saturday/next week?	*Et samedi/la semaine prochaine ?*
Oh dear!	*Oh zut !*
When?	*Quand ?*
free	*libre*
Let's see…	*Voyons…*
Great!	*Super !*
Is… all right?	*Est-ce que… te/vous convient ?*

Dialogue 2

CD1 piste 8

Nous sommes mardi soir, Sandrine et Nicolas sont chez Jennifer et Daniel. Daniel propose un apéritif…

Daniel	Let's have a drink. What would you like?
Sandrine	I don't drink and drive! A glass of orange juice, please.

Nicolas	A small whisky for me, please.
Jennifer	I hope you like roast beef and Yorkshire pudding...
Sandrine	Pardon? Pudding? I don't understand...
Daniel	Ah, a traditional English dish! Wait and see!
Nicolas	Can I have...? What's the English for "un glaçon" Sandrine?
Sandrine	An ice cube, I think.
Jennifer	How do you say "Cheers" in French?
Nicolas	"Santé !"

VOCABULAIRE

Let's have a drink.	*Prenons un verre !*
drink	*boisson*
to drive	*conduire*
glass	*verre*
orange juice	*jus d'orange*
small	*petit(e)*
for	*pour*
to hope	*espérer*
roast beef	*rôti de bœuf*
Pardon?	*Pardon ?*
to understand	*comprendre*
traditional English dish	*plat traditionnel anglais*
Wait and see!	*Attendez/Attends voir !*
What's the English for…?	*Comment dit-on… en anglais ?*
ice cube	*glaçon*
to think	*croire, penser*
How do you say…?	*Comment dit-on… ?*
Cheers!	*Santé !*

Grammaire

1) Can, would

Can et **would** ne sont pas des verbes classiques, comme **to like**, **to speak**, etc. Ce sont des auxiliaires, qui suivent des règles précises.

a) Règles d'emploi

- Les auxiliaires comme **can** et **would** ne sont jamais précédés de **to**, car ils n'ont pas de forme infinitive.
- Invariables, ils ne prennent pas de **-s** à la troisième personne du singulier, c'est-à-dire après **he**, **she** ou **it**.

- Dans une phrase complète, ils sont toujours suivis d'un verbe sans **to**.
- Comme ce sont des auxiliaires, on ne les emploie pas avec **do** car ils occupent les mêmes fonctions.
- Ainsi, ils sont suivis de **not** (ou **n't**) pour faire une phrase négative.
- Pour former des questions il suffit d'inverser le sujet et l'auxiliaire **can** ou **would**.

Vous trouverez des exemples ci-dessous.

b) Fonction

Can se traduit le plus souvent par *pouvoir* ou *savoir* mais parfois il ne se traduit pas du tout.

Can you wait?	*Pouvez-vous attendre ?*
He can sing.	*Il sait chanter.*
I can't see.	*Je ne vois pas.*

Would, ou sa forme contractée **'d**, suivis de **like** ou **love** permet d'exprimer une envie ou de proposer quelque chose de façon polie.

He would love to come.	*Il aimerait beaucoup venir.*
Would you like a cup of tea?	*Aimeriez-vous une tasse de thé?*
I wouldn't like to be a policeman.	*Je ne voudrais pas être policier.*

Remarque : **would** est en fait la marque du conditionnel, mais nous n'approfondirons pas cette question, qui dépasse le cadre de notre livre.

2) Let's..., What about... ?

Parmi toutes les façons de faire des suggestions, nous vous en proposons ici deux très courantes en anglais, **let's...** et **what about...**? Voici quelques explications les concernant :

- **Let's** suivi d'un verbe sans **to** permet de suggérer de faire quelque chose. En français, cela se traduit par les suggestions telles que *marchons… !*, *mangeons… !*, *travaillons… !*, etc.

Let's go to the cinema!	*Allons au cinéma !*

- Avec **what about...?** sous forme de question, vous pouvez proposer une boisson, un plat, une chambre, etc.

What about this book?	*Et ce livre-ci ?*
What about a beer?	*Et une bière ?* ou *Que diriez-vous d'une bière ?*

3) Les jours et les mois

CD1 piste 8

Notez que les jours de la semaine, ainsi que les mois, s'écrivent toujours avec une majuscule.

Les jours

VOCABULAIRE

Sunday	*dimanche*
Monday	*lundi*
Tuesday	*mardi*
Wednesday	*mercredi*
Thursday	*jeudi*
Friday	*vendredi*
Saturday	*samedi*

Les mois

VOCABULAIRE

January	*janvier*
February	*février*
March	*mars*
April	*avril*
May	*mai*
June	*juin*
July	*juillet*
August	*août*
September	*septembre*
October	*octobre*
November	*novembre*
December	*décembre*

4) Les années

À partir de l'an 1000 les années se disent par groupes de deux nombres. Par exemple, si vous demandez à un collégien britannique s'il connaît la date de la bataille de Hastings, il vous répondra : **Yes, ten sixty-six** (1066). Par contre, seul un excellent élève sera capable de vous donner la date de la prise de la Bastille : **seventeen eighty-nine** (1789) ! À partir de l'an 2000, on dit l'année comme en français, c'est-à-dire **two thousand and five** par exemple. N'oubliez donc pas **and** avant les unités ou les dizaines. Mais à partir de 2010, on revient à l'ancien système en disant les années par groupes de deux nombres.

5) La date

Contrairement au français, où l'on emploie un nombre cardinal (1, 2, 3, etc.) pour dire la date, en anglais on utilise un ordinal précédé de **the**, c'est-à-dire qu'on dit *le 1er*, *le 2e*, *le 3e*, etc., suivi du mois en question.

On peut dire et écrire les dates de plusieurs façons :

À l'écrit, on peut rencontrer quatre possibilités. Pour *le quinze mai* par exemple, on écrira **15th May**, ou **May 15th**, **15 May**, ou encore **May 15**. Mais à l'oral les possibilités sont plus restreintes, car on dira toujours **the** devant l'ordinal : **the fifteenth of May** ou **May the fifteenth**.

6) Les ordinaux

CD1 piste 8

À trois exceptions près, on ajoute **th** au nombre cardinal pour obtenir l'ordinal correspondant, par exemple :

11 = **eleven** (*onze*), et **11th** = **eleventh** (*onzième*)

Les trois exceptions sont *le premier*, *le deuxième* et *le troisième*. Vous les trouverez dans le tableau suivant :

1st	**first**	*premier*
2nd	**second**	*deuxième*
3rd	**third**	*troisième*
4th	**fourth**	*quatrième*
5th	**fifth**	*cinquième*
6th	**sixth**	*sixième*
7th	**seventh**	*septième*
8th	**eighth**	*huitième*
9th	**ninth**	*neuvième*
10th	**tenth**	*dixième*
21st	**twenty-first**	*vingt et unième*
22nd	**twenty-second**	*vingt-deuxième*
23rd	**twenty-third**	*vingt-troisième*
31st	**thirty-first**	*trente et unième*

Prononciation

CD1 piste 8

Le son [th] n'existe pas en français. Ce son est assez facile à expliquer, mais plus dur à dire spontanément. Si vous savez dire un [s] et un [z], alors vous arriverez à dire un [th] en avançant votre langue un tout petit peu pour qu'elle touche vos dents.

Comme pour la lettre **s** (voir chapitre 5), les lettres **th** se prononcent de deux façons différentes. Voici des exemples pour vous entraîner :

think • nin**th** • **th**eatre • **th**anks • **th**ing • fif**th**.

Dans les mots ci-dessus, le son [th] est assez proche du [s] français, mais il se prononce en plaçant le bout de la langue contre les dents du haut.

the • **th**en • mo**th**er • **th**ere • **th**ey • **th**is

Dans les mots ci-dessus, le son [th] est assez proche du [z] français, mais il se prononce en plaçant le bout de la langue contre les dents du haut.

Exercices

1) Il manque **can** ou **would** dans les phrases suivantes. Complétez les phrases avec le bon auxiliaire et transformez-les en phrases interrogatives (?) ou négatives (-) en fonction du symbole utilisé.

- **a** (?) You ... wait for lunch.
- **b** (-) He ... like to have a cat.
- **c** (-) She ... sing very well.
- **d** (?) They ... like to read the newspaper.
- **e** (-) I ... see the children.

2) Complétez les phrases suivantes avec **let's** ou **what about** :

- **a** ... go to the pub!
- **b** ... watch television!
- **c** ... a cup of tea?
- **d** ... invite our friends!
- **e** ... next week?

3) Les trois spectacles suivants ont eu lieu dans la grande salle du Royal Albert Hall, à Londres.

> ***Royal Philharmonic Orchestra at the Royal Albert Hall***
>
> **Alegría • Cirque du Soleil**
>
> Thursday, 5 February – Thursday, 12 February
>
> **Romeo and Juliet**
>
> Friday, 17 March
>
> **Eric Clapton**
>
> Tuesday, 16 May – Friday, 26 May

Vrai ou faux ?

- **a** You can see Romeo and Juliet on 16th March.
- **b** The Alegria plays at the Royal Albert Hall for 8 days in February.
- **c** Eric Clapton plays at the Hall on Wednesday, 19th May.
- **d** There are only classical music concerts on at the Royal Albert Hall.

4) Écrivez ces dates en toutes lettres de deux façons différentes.

- **a** 11.11.2006
- **b** 31.12.1993
- **c** 22.06.1989
- **d** 3.7.1458
- **e** 5.03.2024

Le pudding

À l'origine, ce mot désigne en anglais toutes sortes de plats salés ou sucrés, consistants, cuits à la vapeur, à l'eau ou au four. Comme la préparation et la cuisson sont longues, les recettes traditionnelles sont devenues de plus en plus rares. Aujourd'hui, dans la langue courante, un **pudding** est surtout un dessert. Pour demander ce qu'il y a comme dessert, on dit souvent : **"What's for pudding?"** Mais au restaurant, vous trouverez les termes **desserts** ou éventuellement **sweets**.

Quelques plats salés traditionnels conservent le nom de **pudding**, en particulier le **steak and kidney pudding**, une tourte de viande et de rognons à la vapeur, le **black pudding**, le boudin noir, et le fameux **Yorkshire pudding**, une sorte de crêpe épaisse salée cuite au four qui est servie en accompagnement du rôti de bœuf.

Mini-test

CD1 piste 8

Relisez les dialogues et prêtez attention surtout aux nouvelles expressions. Maintenant imaginez les situations suivantes :

- **a** Un ami vous dit qu'il ne peut pas vous aider à déménager. Vous dites *ce n'est pas grave*.
- **b** Un touriste allemand vous parle dans sa langue. Vous lui dites que vous ne le comprenez pas et que vous ne parlez pas allemand.
- **c** Vos invités vous apportent des chocolats, vous dites *merci* et ajoutez *c'est gentil de votre part*.
- **d** Votre voiture gêne, on vous demande de la déplacer. Vous dites *oui bien sûr* et vous vous excusez.
- **e** Vous demandez à une amie comment dire *je suis enrhumé(e)* en anglais.
- **f** Vous lui demandez aussi le mot anglais pour *la grippe*.

08

How lucky they are!

Comme ils ont de la chance !

Dans ce chapitre vous apprendrez à :

- décrire les personnes et les choses
- dire ce que vous aimez faire ou pas
- parler de ce que vous possédez ou pas

Avant de commencer...

Un soir tous les colocataires se réunissent au pub. Ils parlent des gens qu'ils connaissent et les décrivent.

Activité

Complétez les phrases suivantes avec **in**, **to** ou **Ø**.

a My friend works ... a supermarket.
b I go … the pub with my friends on Fridays.
c You can go ... bed.
d He always makes ... breakfast.
e I live ... a house.
f She watches ... television at the weekend.

Dialogue 1

CD1 piste 9

Gus	Do you know Sarah Jones? She works at the bank.
Nicolas	Yes, she's tall, slim, blond and beautiful, isn't she?
Gus	Yes, she's a gorgeous woman you mean!
Tammy	Maybe, but she's got a really big ugly dog. I hate it!
Brian	Her husband's a very rich lawyer, you know. I love his big blue Jaguar.
Angela	They've got a new home cinema too.
Sandrine	How lucky they are! We haven't got a car and we've only got a small TV.

Nicolas	Yes, well, we're quite poor.
Tammy	Never mind, you've got a lovely wife!

VOCABULAIRE

to know	*connaître, savoir*
at the bank	*à la banque*
tall	*grand(e) (taille)*
slim	*mince*
blond	*blond(e)*
beautiful	*beau (belle)*
gorgeous	*ravissant(e)*
she's got = she has got	*elle a (elle possède)*
big	*grand(e)*
ugly	*laid(e)*
to hate	*détester*
very	*très*
rich	*riche*
lawyer	*avocat(e)*
to love	*aimer beaucoup, adorer*
blue	*bleu(e)*
they've got = they have got	*ils/elles ont (ils/elles possèdent)*
new	*nouveau (nouvelle) ; neuf(ve)*
car	*voiture*
quite	*assez*
poor	*pauvre*
lovely	*adorable, charmant(e)*
to take	*prendre*
red bus	*bus rouge*

Dialogue 2

CD1 piste 9

De toute façon, argent ou pas, on peut toujours s'amuser…

Angela	Anyway, you can have fun without money. I like cycling, for example. Don't you, Gus?
Gus	Sure! And I like watching movies on TV.
Sandrine	Yes, you're right. Nicolas likes running...
Nicolas	... and Sandrine likes cooking spaghetti!
Brian	What do you like doing, Tammy?
Tammy	Well, I really like chatting with good friends, like you!

anyway	*de toute façon*
to have fun	*s'amuser*
without	*sans*
money	*argent*
to cycle	*faire du vélo*
for example	*par exemple*
Sure!	*Oui !*
movie	*film*
to be right	*avoir raison*
to run	*courir*
to cook	*cuisiner*
to chat	*bavarder, discuter*

Grammaire

1) Les adjectifs

Les adjectifs permettent de décrire une personne ou une chose : *grand, petit, riche, pauvre,* par exemple. Il y a deux grandes différences dans leur utilisation en anglais par rapport au français. D'une part ils sont invariables, et d'autre part on les place devant le nom, même s'il y en a plusieurs.

a tall, rich, dark-haired, Swedish gentleman
un grand monsieur aux cheveux bruns, riche et de nationalité suédoise

2) Have/has got

Vous avez appris le verbe **to have**, *avoir* au chapitre 5. Les Britanniques utilisent également fréquemment l'expression **have/has got**, **('ve got/'s got)** lorsqu'il s'agit de possession. Dans cette expression **have** ou **has** n'est pas le verbe principal, mais l'auxiliaire. Cet auxiliaire sert à construire des phrases négatives, des questions et des réponses brèves.

+ Forme affirmative

I/you/we/they	've got	a car.
He/she/it 's got	a home.	

- Forme négative

I/you/we/they	haven't got	a car.
He/she/it hasn't got	a home.	

? Forme interrogative

Have	I/you/we/they	a car?
Has	he/she/it	a home?

Réponses brèves

Yes, I/you/we/they	have.
Yes, he/she/it	has.
No, I/you/we/they	haven't.
No, he/she/it	hasn't.

• **Formes contractées : 've got** correspond à **have got**, **'s got** à **has got**, **haven't** à **have not** et **hasn't** à **has not**.

3) Verbe + -ing

Le verbe **to like** signifie *aimer bien*, ou *apprécier*. Nous l'avons rencontré pour parler des goûts de M. Turner et des Smith au chapitre 5.

Si l'on veut exprimer ses goûts pour une activité, on utilise le verbe exprimant cette activité (**to cook**, **to watch**, etc.) sans **to**, auquel on ajoute **-ing**.

I like **watching** movies. *J'aime regarder des films.*

Parfois une petite modification orthographique est nécessaire.

- Souvent, le verbe ne change pas.

to work → working

- Parfois, on remplace le **-e** à la fin du verbe par **-ing**.

to live → living

- Dans certains cas, on double la consonne devant **-ing**, pour conserver la prononciation d'une voyelle courte.

to run → running

Remarque : gardez à l'esprit qu'en anglais la forme en **-ing** renvoie toujours à une activité et non à une chose.

Prononciation

CD1 piste 9

Voici un entraînement à la prononciation de deux sons : le [**h**] dit « aspiré » et le [**w**].

Le **h**, comme le **th**, demande un effort particulier pour être bien prononcé. Un [**h**] « aspiré » est en fait un son soufflé, et non inspiré comme on pourrait le croire.

Le son [**w**] est plus facile à prononcer, on peut le comparer au son [**oua**], comme dans *ouate*. Malheureusement on ne peut pas toujours se fier à l'orthographe. Comme vous pouvez le constater dans les deux listes ci-dessous, un [**h**] aspiré peut s'écrire **h** ou **wh**, et un son [**w**] peut correspondre à la graphie **w**, **wh**, **o** ou **qu**.

h (aspiré) : he • how • who • house • horse • hello

w : one • work • what • with • question • quick

Exercices

1) Choisissez dans la liste ci-après la couleur qui convient pour compléter chaque phrase.

a … pudding is a traditional British dish.

b The ... Party is an ecological party.

c You can find telephone numbers in the ... Pages.

d The ... flamingo is an exotic bird.

e There is a type of dark beer called ... ale in Britain.

f ... wine is the wine to drink with fish.

VOCABULAIRE

white	*blanc(he)*
black	*noir(e)*
yellow	*jaune*
green	*vert(e)*
pink	*rose*
brown	*marron*

2) Reconstituez les phrases à partir des éléments suivants :

- **a** beautiful/sister/is/their/very
- **b** black/got/husband/hasn't/a car/my
- **c** bus/can/we/a/red/take
- **d** woman/doesn't/busy/this/sleep
- **e** a/English/dish/Yorkshire/traditional/pudding/is

3) Faites des phrases affirmatives, négatives ou interrogatives avec **have got**. Utilisez les mots qui vous sont donnés et tenez compte des signes (**=**), (**-**), et (**?**). ajoutez l'article **a** ou **an** lorsque c'est nécessaire.

- **a** (+) I/cat
- **b** (?) your mother/mobile phone
- **c** (-) my parents/home cinema
- **d** (-) Mr Turner/four dogs
- **e** (+) she/lovely husband
- **f** (?) he/big house

4) Dans cet hôtel, qu'est-ce qu'on peut faire et qu'est-ce qui est interdit? Faites des phrases à partir du modèle.

ex.: In this hotel you can...

In this hotel you can't...

L'anglais américain

Il existe beaucoup plus de similitudes que de différences entre l'anglais britannique et l'anglais américain. On communique généralement sans difficulté des deux côtés de l'Atlantique, tout en repérant instantanément l'origine de son interlocuteur essentiellement par son accent et son vocabulaire (*téléphone portable* se dit par exemple **cell phone** aux États-Unis et **mobile phone** en Grande-Bretagne). Les deux langues sont en particulier très proches à l'écrit, à l'exception des dates et de certains nombres. En anglais américain, on donne le mois avant le jour dans les abréviations (**09/11/01** au lieu de **11/09/01** pour le 11 septembre 2001). C'est plutôt à l'oral ou dans la langue familière que se trouvent les différences. En anglais britannique, par exemple, **bum** veut dire *fesses*, tandis que ce mot désigne un clochard pour les Américains ! Ces différences concernent surtout le vocabulaire mais il existe également des variations en ce qui concerne la grammaire, la prononciation et l'orthographe (**centre** en anglais britannique devient **center** en anglais américain). Un vocabulaire et un accent britannique marqués pourront sembler vieillots mais pleins de charme aux États-Unis alors qu'une utilisation constante de termes américains pourra agacer sur le sol britannique. Attention cependant, car certaines confusions peuvent être source de tracas ou bien embarrassantes. En effet, votre interlocuteur britannique risque d'être amusé si vous lui dites que vous avez déposé ses **pants** au pressing puisque ce mot signifie *pantalon* en anglais américain, mais *slip* en anglais britannique.

Avec la diffusion régulière de séries télévisées américaines et la mondialisation, le vocabulaire américain est souvent rapidement intégré chez les Britanniques (le mot **truck**, *camion* en anglais américain, est maintenant fréquemment employé en Grande-Bretagne à la place du mot **lorry**), mais la réciproque est par contre un peu moins vraie.

Mini-test

CD1 piste 9

Ce sont souvent les petits mots qui posent des problèmes. Prenons **at, on, to** et **in** par exemple, lequel faut-il mettre dans les phrases suivantes ?

a See you ... 7 o'clock, bye.
b She watches television ... the evening.
c We don't work ... Saturday.
d They go ... the pub ... Friday night.

À ce propos, notez que devant les saisons et les mois on met **in** : **in spring**, **in summer**, **in autumn**, **in winter**, **in August**, **in January** pour dire *au printemps*, *en été*, *en automne*, *en hiver*, *en août* et *en janvier*. Voir aussi le chapitre 14 dans lequel il est question du temps qu'il fait.

09

Let's go shopping!

Allons faire des courses !

- **Dans ce chapitre vous apprendrez à :**
- faire des courses
- demander le prix d'un article
- parler de quantités
- faire répéter quelque chose

Avant de commencer...

Lors d'un voyage en Grande-Bretagne, ou ailleurs, on a toujours besoin de faire des courses et envie de rapporter des souvenirs. Encore plus qu'en France, vous allez certainement être tenté(e) de vous rendre au supermarché en Grande-Bretagne, mais allez plutôt chez les petits commerçants. C'est là que vous pourrez pratiquer votre anglais.

Pour Sandrine et Tammy, c'est le moment d'aller faire les magasins pendant les soldes. Pendant ce temps, Nicolas et Brian vont au supermarché...

Activité

Deux acteurs se cachent derrière ces présentations. Trouvez leur identité.

I'm American. I'm from Kentucky. I was born (*je suis né*) on 6th May 1961. I love motorbikes (*motos*). I'm dark-haired, tall and women think I'm gorgeous. And I'm not married... I play a doctor in a TV series and in the movie (*film*) *Ocean's Eleven* I love a woman played by Julia Roberts. Now I make films too. Of course I'm a big star and very rich. Who am I?

I'm from Swansea so I'm Welsh. I was born on 25th September 1969. I'm tall and very slim. Men think I'm beautiful. I play the role of Helena in The Mask of Zorro. Music is my first love so I act in Chicago. I live in the United States and I am married to a Hollywood star: his name is Michael Douglas. We've got a son, born in 2000, and a daughter, born in 2003. What's my name?

Dialogue 1

CD1 piste 10

Sandrine et Tammy cherchent à faire des affaires.

Tammy	Sandrine, it's the sales, let's go shopping!
Sandrine	Good idea! I need some new clothes.

Plus tard...

Tammy	Look at this skirt!
Sandrine	It's beautiful! How much is it?
Tammy	It's £10.50, that's not expensive.
Sandrine	No, it's cheap.
Tammy	It's just my size...
Sandrine	Go on! Try it on!

VOCABULAIRE

sales	*soldes*
to go shopping	*faire des courses, faire les magasins*
idea	*idée*
to need	*avoir besoin de*
some	*de, du, de la, des*
clothes	*vêtements, habits*
to look at	*regarder*
skirt	*jupe*
How much is it?	*C'est combien ?*
expensive	*cher(ère) (coût)*
cheap	*bon marché*
size	*taille*
Go on!	*Vas-y/Allez-y !*
to try on	*essayer (un vêtement)*

Dialogue 2

CD1 piste 10

Pendant ce temps, Sandrine cherche un pantalon vert et se renseigne auprès de la vendeuse.

Sandrine	Excuse me, have you got any green trousers?
Shop assistant	No, I'm sorry, we haven't got any left.
Sandrine	Sorry? Could you repeat that, please?
Shop assistant	Yes, we haven't any in green but there are a lot in black.
Sandrine	How much are these?
Shop Assistant	They're £15.
Sandrine	Sorry? £50?
Shop assistant	No, £15.

Tammy a fait son choix et passe à la caisse.

Shop assistant	Hello, is that all?
Tammy	Yes, just the skirt.
Shop assistant	That's £10.50, please.

VOCABULAIRE

Excuse me...	*Excusez-moi…*
Have you got any...?	*Avez-vous du/de la /des… ?*
trousers	*pantalon*
We haven't got any left.	*Il ne nous en reste plus.*
Sorry?	*Pardon ?*
Could you repeat?	*Pouvez-vous répéter ?*
I said...	*J'ai dit…*
a lot (of)	*beaucoup (de)*
Is that all?	*C'est tout ?*

Dialogue 3

CD1 piste 10

Angela et Brian sont dans leur cuisine, elle lui fait remarquer que le frigo est vide…

Angela	Brian, the fridge is empty! You must go shopping!
Brian	Why me? OK, OK, where's the list?

Brian se rend donc au supermarché où il retrouve Nicolas, qui est également de corvée…

Nicolas	How much is a kilo of carrots?
Brian	A kilo? That's about two pounds, isn't it? They're 90 pence a kilo...
Nicolas	How much does this fish cost?
Brian	£10.60 a kilo... I mustn't forget the meat...
Nicolas	And I must buy some bread.
Brian	See you at the check out!

VOCABULAIRE

fridge	*frigo*
empty	*vide*
must	*devoir*
Why me?	*Pourquoi moi ?*
list	*liste*
carrot	*carotte*
about	*environ, à peu près*
pound	*livre (monnaie, et poids)*
to cost	*coûter*
to forget	*oublier*
meat	*viande*
to buy	*acheter*
bread	*pain*
at the check out	*à la caisse*

Grammaire

1) To need

Vous avez sans doute remarqué, il suffit du verbe **to need** pour remplacer l'expression française *avoir besoin de*. Pour faire une phrase négative ou une question, on utilise donc **do** ou **does**.

Do you need any help? *Avez-vous besoin d'aide ?*
He doesn't need a car. *Il n'a pas besoin d'une voiture.*

2) L'obligation

Must exprime l'obligation. Il appartient à la même catégorie d'auxiliaires que **can** et **would** et il suit les mêmes règles de base :

- Il n'est jamais précédé de **to**.
- Il est invariable, il ne prend pas de **-s** avec **he**, **she** et **it**.
- Il sert d'auxiliaire pour la forme négative : **I mustn't forget…**
- Il sert d'auxiliaire dans les questions :

Must he go now?*Est-ce qu'il doit partir maintenant ?*

3) Some *et* any

En règle générale, **some** s'emploie dans les phrases affirmatives et **any** dans les phrases négatives ou les questions. Ils correspondent souvent à *de*, *du, de la, des,* ou *en* en français, pour parler d'une certaine quantité. Comme les adjectifs, ils sont invariables:

I'd like some red wine.	*J'aimerais du vin rouge.*
We haven't got any bread.	*Nous n'avons pas de pain.*
Are there any mice in this house?	*Y a-t-il des souris dans cette maison ?*

Cependant, lorsqu'il s'agit d'une offre ou d'une demande polie, on emploie **some** dans une question:

Would you like some tea?	*Voulez vous du thé ?*

On trouve **some** et **any** seuls, sans nom, dans le sens de *en* en français :

I haven't got any.	*Je n'en ai pas.*

Lorsqu'on fait suivre **some** + nom ou **any** + nom de **left**, on exprime la notion qu'il reste ou qu'il ne reste pas une certaine quantité.

Is there any meat left?	*Est-ce qu'il reste de la viande ?*
Yes, there's some left.	*Oui, il en reste.*

Comme ils expriment l'idée d'une certaine quantité, ils ne sont pas toujours nécessaires pour traduire *du, de la, des* ou *de* :

You've got beautiful eyes, you know!	*Tu as de beaux yeux, tu sais !*

4) Bread, trousers and clothes

Certains noms en anglais n'ont pas de pluriel, et d'autres n'ont pas de singulier. Cela pose quelques difficultés de traduction. Voici quelques cas courants rencontrés dans les dialogues :

- Par exemple, **bread** n'existe qu'au singulier et ne signifie pas *un pain*, mais *du pain*. Pour demander *un pain*, ou plusieurs, il faut préciser, par exemple **one loaf of bread** pour *une miche* ou **two loaves of bread** pour *deux miches*.
- **Trousers**, en revanche, est toujours pluriel. Le verbe qui suit sera donc toujours au pluriel. Sans précision, on ne sait pas s'il s'agit d'un ou de plusieurs pantalons, ce qui peut être ambigu.

My trousers are old.	*Mon pantalon est vieux.* *Mes pantalons sont vieux.*

Si l'on veut être plus précis, on emploie **pair of trousers** précédé du nombre : **one pair of trousers** pour *un pantalon* ou **three pairs of trousers** pour *trois pantalons,* etc.

- **Clothes**, *vêtements*, est pluriel comme **trousers**. De la même manière, pour un vêtement on dit **a piece of clothing** ou **a garment**.

5) Les noms des magasins

Certains noms de magasins se traduisent aisément. **Toy** *(jouet)* **shop**, par exemple ne pose aucun problème. D'autres présentent une structure un peu plus complexe. Dans **butcher's shop** par exemple, le mot **butcher** est suivi d'une apostrophe et d'un **-s**. Il ne s'agit pas de la forme contractée de **is** mais d'une marque de possession. **The butcher**, *le boucher*, possède un magasin qu'on désigne sous le nom de **the butcher's shop**, *le magasin du boucher*, ou plus simplement **the butcher's**.

Prononciation

CD1 piste 10

Vous avez sans doute déjà remarqué que l'anglais est une langue très rythmée. Les mots et les syllabes peuvent être accentués ou pas, ce qui donne un rythme à la phrase.

Entraînez-vous à lire ces phrases à voix haute en suivant les indications données : ○ pour un mot non accentué et / pour un mot accentué.

Try it on	/○/
I can't dance	○//
A cup of tea	○/○/
Come to the pub	/○○/
See you later	/○/
The fridge is empty	○/○/

Les sons forts et faibles alternent souvent. En général, les petits mots grammaticaux, pronoms, auxiliaires et prépositions ne sont pas accentués, alors que les mots porteurs de sens comme les noms, les verbes, etc. le sont.

Exercices

CD1 piste 10

1) Vous voulez préparer un repas pour quatre. Au menu il y aura du poulet rôti servi avec des légumes, du fromage, et une salade de fruits en dessert. Voici un peu de vocabulaire pour vous aider :

vegetables	*légumes*
chicken	*poulet*
potato	*pomme de terre*
peas	*petits pois*

- **a** Dites que vous devez faire des courses.
- **b** Dites que vous avez besoin de viande et de légumes.
- **c** Votre conjoint(e) vous dit : *Nous n'avons pas besoin de pain*.
- **d** À la boucherie vous montrez un poulet et demandez combien il coûte.
- **e** Sur le marché, demandez combien coûte la livre de petits pois et de pommes de terre.

2) Complétez avec **some**, **any**, **a** ou **an**.

- **a** Have you got ... brown trousers?
- **b** I need ... new skirt.
- **c** I'd like ... bread and cheese (*fromage*), please.
- **d** Can I have ... orange?
- **e** There isn't ... tea left.

3) Voici le ticket pour les courses que Nicolas a faites au supermarché.

Tempo
Birmingham

Check out 007
Brenda 126

fish 500g	5.25
carrots 500g	0.30
bread, white loaf	1.20
butter 250g	0.78
sugar 1kg	0.91
coffee 250g	2.15
oranges 1kg	1.75
beef 354g	5.72
Cheddar cheese 300g	3.57
spaghetti 500g	1.13
shampoo	3.32
olives 250g	0.67
Total:	£26.75

Visa Card N°: 000000042544537
Saturday 25-07-2007
Time: 10:50
Thank you for your visit

Remarque : les points correspondent aux virgules en français.

Trouvez les renseignements demandés ci-dessous.

- **a** How much does the fish cost?
- **b** What date is it?
- **c** What time is it?
- **d** How much do carrots cost a kilo?
- **e** How much is the total?
- **f** Does Nicolas buy any fruit?

4) Complétez les phrases avec un mot de vocabulaire choisi dans la liste suivante :

VOCABULAIRE

cake	*gâteau, pâtisserie*
library	*bibliothèque*
flour	*farine*
sweet	*bonbon*
stamp	*timbre*
medicine	*médicaments*
soap	*savon, savonnette*
baker's	*boulangerie*
meat	*viande*
greengrocer's	*magasin de fruits et légumes*
toothpaste	*dentifrice*
to sell	*vendre*
fish	*poisson*

- **a** At the fish shop you can buy ... of course!
- **b** At the ..., they sell bread and cakes.
- **c** You can buy books at a book shop but not at a ....
- **d** At the butcher's you can buy ....
- **e** At the grocer's you can buy cheese, sugar, ..., cereals, etc.
- **f** At the ... you can buy fruit and vegetables.
- **g** At the newsagent's you can buy newspapers, cigarettes and …
- **h** The chemist's is also called a pharmacy. They sell medicine, soap, ... and shampoo, for example.
- **i** You can buy … at the post office.

Weights and money *les poids et l'argent*

Poids et mesures

Officiellement, la Grande-Bretagne a adopté le système métrique en vigueur partout en Europe, mais le système impérial reste ancré dans les coutumes.

1 inch (pouce) = 2,5 cm	1 ounce (once) = 28 g
1 foot (pied) = 30 cm	1 pint (pinte) = 0,6 l
1 mile (mile) = 1,6 km	1 gallon (gallon) = 4,6 l

Monnaie

L'unité monétaire britannique est la livre sterling ou **pound** (£) qui comporte 100 **pence** (p). Pour avoir une approximation en euros, le plus simple est de multiplier par 1,5. Un billet de 5 livres est donc l'équivalent de 7,50 euros. Il existe également des billets de 10 livres, 20 livres et 50 livres. Notez que le sigle £ se place toujours avant les chiffres en anglais.

Achats

D'après Adam Smith, célèbre économiste et philosophe écossais du XIVe siècle, les Britanniques seraient « une nation de marchands » (**a nation of shopkeepers**). Napoléon I, qui connaissait les écrits de Smith, préférait détourner la phrase pour dénigrer « une nation de boutiquiers » !

Plus qu'une nation de marchands, les Britanniques sont une nation de **shoppers**, mot qui n'a d'ailleurs pas d'équivalent en français. Ainsi, la Grande-Bretagne est réputée pour ses nombreuses boutiques. Certains magasins sont même particulièrement prestigieux, comme *Harrods*, *Liberty* ou *Hamleys* à Londres. Pour faire des économies, et à condition de supporter la foule, il ne faut pas rater les incontournables soldes deux fois par an. Même en dehors des soldes, vous pouvez dénicher des offres spéciales tout au long de l'année. Les Britanniques courent aussi les magasins d'usine ou **factory outlets**, à la recherche de vêtements de créateurs, de chaussures et d'autres trouvailles. La plupart des boutiques restent ouvertes du lundi au samedi de 9–10 heures à 17 h 30 sans interruption. Les supermarchés ouvrent généralement jusqu'à 22 heures, et certains sont même ouverts 24 heures sur 24.

Et que rapporter? Du thé bien sûr, de la **marmalade** (confiture d'oranges amères), du whisky, etc.

Équivalences de mesures et de tailles

Chaussures

France									
36	37	38	39	40	41	42	43	44	45
Royaume-Uni									
3½	4½	5	5½	6½	7½	8	9	9½	10½

Femmes

Robes, jupes, pantalons

France	36	38	40	42	44	46
Royaume-Uni	8	10	12	14	16	18

Hommes

Chemises

France	38	40/41	42	43	44/45	
Royaume-Uni	15	15½	16	16½	17	17½

Costumes, vestes

France	46	48	50	52	54	56
Royaume-Uni	36	38	40	42	44	46

Pantalons

France	38	40	42	44	46	50
Royaume-Uni	36	37	38	39	40	42

Mini-test

CD1 piste 10

Complétez ce dialogue :

Friend	Mmm... Look at these cakes!
You	Let's... *(Vous proposez d'en acheter.)*
Friend	No, you do it, go on!
You	All right. *(Vous les montrez et demandez le prix.)*
Shop assistant	They're £1.75.
You	*(Vous dites que vous en voulez deux.)*
Friend	Do you need any bread?
You	*(Vous dites que non, il vous en reste.)*
Friend	A loaf of white bread for me, please!
You	*(Vous demandez le prix du tout.)*
Shop assistant	That's £3.50 for the cakes and 73p for the bread... £4.23, please.
You	*(Vous donnez un billet de £10.)*
Shop assistant	And here's £5.77 change (*la monnaie*), thank you.

10

Reggae? I love it!

Le reggae ? J'adore !

Dans ce chapitre vous apprendrez à :

- parler de vos goûts et de vos préférences
- parler de fréquence
- demander et dire à qui appartient quelque chose

Avant de commencer...

Tous les ans il y a un grand festival à Birmingham. Pendant un week-end très animé on peut choisir entre musique, danse, arts plastiques, et tous les spectacles sont gratuits. Chacun peut choisir en fonction de ses goûts.

Activité

Complétez le dialogue suivant entre Brendan et son fils avec **can**, **must**, **'d (would)** ou **wouldn't**.

Dan	… I go out, please?
Brendan	Yes, you ... but where are you going?
Dan	I ... like to visit a friend: he ... play the guitar, it's great!
Brendan	Ok but you ... be home at 6, you ... like to miss (*rater*) dinner, ... you?

Dialogue 1

CD2 piste 1

Angela et Sandrine sont au pub.

Angela	Do you like reggae, Sandrine?
Sandrine	I love it! I'm a big fan of Bob Marley, you know.
Angela	Me too! I prefer him to Madonna, for example.
Sandrine	Oh, but I like her too. Her songs are very popular.
Angela	Yes, the Long Blondes are too. What do you think of them?
Sandrine	Who? I don't know them.
Angela	Well, I think they're very well known.

VOCABULAIRE

fan	*fan*
Me too.	*Moi aussi.*
to prefer	*préférer*
I prefer him to…	*Je le préfère à…*
I like her.	*Je l'aime bien. (elle)*
popular	*en vogue, populaire*
of	*de*
I don't know them.	*Je ne les connais pas. (eux ou elles)*
well known	*connu(e)*

Dialogue 2

CD2 piste 1

Brian et Nicolas apportent des boissons. Brian évoque le festival et son concert de reggae.

Brian	I hear there's a reggae concert on at the festival.
Angela	Yes, we must go.
Sandrine	It's girls only, you know!
Nicolas	Can't the boys come with you?
Sandrine	Of course you can come with us. It's just a joke!

VOCABULAIRE

There's a reggae concert on.	*Il y a un concert de reggae.*
girl	*fille*
only	*seulement*
boy	*garçon*
with	*avec*
us	*nous*
joke	*plaisanterie*

Dialogue 3

CD2 piste 1

Au moment de partir, Nicolas trouve une écharpe et demande à qui elle appartient.

Nicolas	Whose scarf is this?
Brian	It's Angela's! And whose glasses are these?
Nicolas	They're Sandrine's.
Brian	Is this your wife's handbag too?
Nicolas	Yes, she often forgets things.
Angela	Does Nicolas always remember his things?
Sandrine	Oh yes, he never forgets!
Brian	In English we say "an elephant never forgets"!
Nicolas	Well, actually, I sometimes forget Sandrine's birthday...

VOCABULAIRE

Whose scarf is this?	*À qui est cette écharpe ?*
glasses	*lunettes*
handbag	*sac à main*
often	*souvent*
thing ; things	*chose ; (ici) affaires*
to remember	*se souvenir de*
elephant	*éléphant*
never	*ne… jamais*
sometimes	*quelquefois*

Grammaire

1) Me, you, him, her, it, us, them

Un pronom permet d'éviter de répéter un nom. Vous connaissez déjà les pronoms sujets : **I**, **you**, **he**, **she**, **it**, **we** et **they**. Ici il s'agit des pronoms compléments du verbe.

VOCABULAIRE

me	*me, moi*	**us**	*nous*
you	*te, toi, vous*	**them**	*les, leur, eux*
him	*le, lui*		
her	*la, lui*		
it	*le/la, lui (non humain)*		

Comme vous voyez, ces pronoms font double usage (**me** = *me* et *moi*). Il faut penser à les placer toujours après le verbe, alors qu'en français ils le précèdent.

He loves me. *Il m'aime.*

2) La possession

Au chapitre précédent, vous avez découvert **the butcher's**, *la boucherie,* et l'utilisation de **'s** pour indiquer la possession. Dans le dialogue 3, on voit que cet emploi ne se limite pas aux noms des magasins. En effet, c'est une manière simple d'indiquer la possession.

Jane's bedroom *la chambre de Jane*

- Lorsqu'il s'agit d'un nom pluriel, qui se termine par la lettre **s**, on ajoute seulement l'apostrophe. Elle se voit à l'écrit, mais on n'entend pas de différence à l'oral.

my parents' car *la voiture de mes parents*

- Pour un pluriel irrégulier sans **s**, par contre, on retrouve **'s**.

the children's books *les livres des enfants*

- Pour les noms singuliers qui se terminent par un **s**, on ajoute **'s**, que l'on prononce [**iz**].

It's Nicolas's birthday today. *C'est l'anniversaire de Nicolas aujourd'hui.*

Le mot interrogatif **whose** n'a pas d'équivalent direct en français, mais on peut souvent le traduire par *à qui*.

Attention à l'ordre des mots, car il faut placer **whose** devant le nom concerné :

Whose book is this? *À qui est ce livre ?*

Il peut aussi s'employer seul, comme ceci :

Whose is this? *À qui est-ce ?*

3) Adverbes de fréquence

Ces termes sont des adverbes qui nous informent de la fréquence des actions. Ils ont la particularité de se placer devant le verbe principal, mais après le verbe **to be** et tous les auxiliaires (**do**, **can**, **must**, etc.).

They never forget her birthday.	*Ils n'oublient jamais son anniversaire.*
I'm always busy.	*Je suis toujours occupé(e).*
She doesn't often sing.	*Elle ne chante pas souvent.*
We can sometimes eat sweets.	*Nous pouvons parfois manger des bonbons.*

Prononciation

CD2 piste 1

Vous connaissez certainement ces chansons anglaises ou américaines. En voici quelques extraits pour vous entraîner à bien prononcer. Essayez d'insister sur les mots et syllabes accentués, qui sont soulignés.

- Imagine all the people living for today…
- We all live in a yellow submarine...
- We are the world, we are the children...
- A candle in the wind...
- It's just another day for you and me in paradise...
- No milk today, my love has gone away...
- I shot the sheriff, but I didn't shoot the deputy...
- The sound of silence...

Exercices

1) Remplacez les mots soulignés par un pronom.

a He likes animals.

b We can invite you and your wife.

c Look at John.

d The magazine is behind the computer.

e I don't know this actress.

2) À qui est-ce ?

Après le festival, on a retrouvé de nombreux objets perdus. Pouvez-vous dire à qui ils appartiennent ? Faites des phrases comme celles-ci :

ex.: It's Sandrine's handbag.
They're Sandrine's glasses.

a

Max

b

Tony

c

Tom and Matt

d

Tomoko

1

2

3

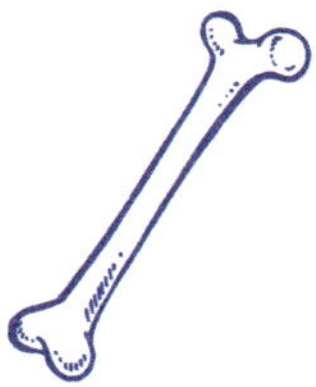

4

3) Constituez des phrases à partir des éléments suivants :

- **a** never/a/they/read/newspaper
- **b** in/late/bed/always/we/stay
- **c** she/often/to/go/pub/does/the/?
- **d** do/our/the/washing/children/up/always/don't
- **e** park/we/in/sometimes/a/walk/have/the

La musique

Les Britanniques sont particulièrement créatifs dans tous les domaines musicaux.

Avec deux opéras et onze orchestres de chambre ou symphoniques, ainsi que les **proms** (concerts-promenades) du Royal Albert Hall, Londres est un des hauts lieux de la musique classique. La Grande-Bretagne a également ouvert la voie au succès des comédies musicales. La scène pop-rock britannique est reconnue pour sa capacité à évoluer et à inventer de nouveaux styles et de nouvelles sonorités, ainsi que pour son influence sur la musique du monde entier.

Si vous aimez la musique, l'été est la saison des festivals, qui prolifèrent dans tout le Royaume-Uni. En Angleterre, le festival le plus important est celui de **Glastonbury** (dans le Somerset) qui attire d'immenses foules le temps d'un week-end. Les fans de rock apprécieront aussi le festival écossais **T in the Park** et les amateurs de **world music** pourront participer à **WOMAD (World of Music, Arts and Dance)**, un festival qui a lieu en Grande-Bretagne ainsi que dans plusieurs autres pays. Si la musique britannique vous intéresse, vous suivez peut-être les **Brit Awards**. Organisés chaque année depuis 1977 par la **British Phonographic Industry**, ils sont l'équivalent des **Grammy Awards** américains et des Victoires de la musique en France.

Test d'autoévaluation 02

Il est temps de refaire un bilan pour les chapitres 6 à 10. Vous trouverez le test d'autoévaluation correspondant page **206**, Reprenez ces cinq chapitres tranquillement avant de faire le test. Avant de poursuivre, il faut consolider vos acquis. N'oubliez pas de mémoriser le vocabulaire au fur et à mesure de votre progression. Apprendre peu de mots mais le faire souvent est le meilleur moyen de s'approprier le vocabulaire durablement.

11

What on earth is she doing?

Que diable fait-elle ?

- **Dans ce chapitre vous apprendrez à :**
- dire ce que vous faites en ce moment
- dire ce que vous avez l'habitude de faire
- vous exclamer

Avant de commencer...

Bravo ! Vous êtes parvenu(e) à la moitié de cette méthode.

Vous savez maintenant exprimer des envies, parler de passe-temps et d'habitudes. Vous allez maintenant apprendre à évoquer des événements qui sont en train de se produire. Dans ce chapitre, Nicolas attend impatiemment Sandrine et il se demande ce qui a bien pu la retenir...

Activité

Revenons brièvement sur les goûts et l'expression de la possession.

Suivez les consignes pour formuler des phrases à propos de ces six personnages.

a Demandez à l'un des personnages quelle musique il/elle préfère, le jazz ou le rock.

b Demandez à qui appartient ce saxophone.

c Dites qu'il est à Bob.

d Dites que Kate et Jill aiment porter des bijoux. (**to wear jewellery**)
e Dites que Carol et Jeff préfèrent les vêtements noirs et blancs.
f Dites que Sally n'aime pas l'opéra. (**opera**)

Remarque : il n'est pas nécessaire de traduire les articles (le, l', les, des).

Dialogue 1

CD2 piste 2

Nicolas est à la maison et Sandrine est en ville. Elle ne doit pas tarder à rentrer. On sonne à la porte.

Gus	Hi Nick, what are you doing? I'm going to the pub, do you want to come?
Nicolas	Oh, hello Gus. Well, I'm just listening to some music. I'm waiting for Sandrine...
Gus	Where is she?
Nicolas	She's doing some shopping.
Gus	Poor thing, I hate shopping!
Nicolas	Perhaps Tammy can go with you...
Gus	No, she's working late tonight.
Nicolas	Oh dear, and Brian and Angela are visiting Angela's parents.
Gus	Never mind. Let's watch the match on TV while we're waiting.
Nicolas	Good idea!
Gus	Look at that, Manchester United are winning!

VOCABULAIRE

to wait for	*attendre*
Poor thing!	*Le(La) pauvre !*
tonight	*ce soir*
to visit	*rendre visite à, visiter*
match	*match*
while	*pendant que*
to win	*gagner*

Dialogue 2

CD2 piste 2

À la mi-temps, Sandrine n'est toujours pas là. Elle est allée prendre un thé avec une amie et ne voit pas le temps passer.

Nicolas	What on earth is she doing?
Gus	Don't worry, she's probably having tea somewhere with a friend.
Nicolas	Well, why doesn't she phone?
Gus	Or the bus is late and she's waiting for it.
Nicolas	If she isn't here in five minutes, I'm phoning the police.
Gus	Stop worrying, just relax!
Nicolas	Yes, you're right; she's probably sitting on the bus right now.

Sandrine arrive enfin.

Sandrine	Hello you two! You're not watching football again, are you? Why aren't you getting dinner ready?
Nicolas and Gus	Well, what a cheek!

VOCABULAIRE

What on earth...?	*Que diable... ?*
to worry	*s'inquiéter*
probably	*probablement*
somewhere	*quelque part*
to phone	*téléphoner*
to relax	*se détendre*
to be right	*avoir raison*
right now	*en ce moment même*
again	*encore, à nouveau*
to get ready	*préparer*
ready	*prêt(e)*
What a cheek!	*Quel culot !*

Grammaire

1) Le présent en be +-ing

Pour parler des actions en cours de déroulement, on utilise le verbe **to be** comme auxiliaire suivi du verbe exprimant l'action **+ -ing**. Dans ce cas l'auxiliaire **to be** sert d'outil pour poser des questions et faire des phrases avec

not. Observez le tableau ci-dessous pour retrouver toutes ces possibilités. Il comporte toutes les formes du verbe **to be**, que vous connaissez bien maintenant, suivies du verbe **working**, à toutes les personnes.

+ Forme affirmative

I'm
he's
she's working.
it's
we're
you're
they're

- Forme négative

I'm not
he isn't
she isn't working.
it isn't
we aren't
you aren't
they aren't

? Forme interrogative

am I
is he
is she working?
is it
are we
are you
are they

Réponses brèves

Yes, I am, he/she/it is, we are, you are, they are.
No, I'm not, he/she/it isn't, we aren't, you aren't, they aren't.

2) Ø = pas d'article

Le, la, l', les, un et *une* en français, et **the** et **a/an** en anglais sont des articles qui permettent de déterminer le nom qu'ils accompagnent. Mais en anglais, il est fréquent d'omettre **the** ou même parfois **a/an** devant un nom.

- Dans les expressions très courantes, l'article n'est souvent pas nécessaire.
- Pour parler des repas
  to have Ø breakfast/lunch/dinner/tea
- Devant les lieux ou les activités de la vie quotidienne
  Ø home *(chez soi)*/**school/work/church** *(église)*/**bed**
- On ne met pas d'article en anglais lorsqu'on parle de quelque chose en général.

Sandrine likes reggae music.	*Sandrine aime le reggae.*
Mr Turner doesn't like children.	*M. Turner n'aime pas les enfants.*
I speak English.	*Je parle anglais.*
We always eat fish on Fridays.	*Nous mangeons toujours du poisson le vendredi.*

3) What a…! How…!

Pour s'exclamer on emploie **what** devant un nom, comme on utilise *quel, quelle, quels, quelles*, ou une exclamation commençant par *comme…* ou *qu'est-ce que…* en français. Notez que l'article **a/an** n'est employé qu'au singulier, sauf lorsqu'on souhaite exprimer une généralité.

What a surprise!	*Quelle surprise !*
What fantastic music!	*Quelle musique fantastique !*
What beautiful flowers!	*Quelles belles fleurs !*
What an old dog!	*Quel vieux chien !*

Devant un adjectif il faut employer **how,** comme vous l'avez vu au chapitre 5.

How strange!	*Comme c'est étrange !*
How interesting!	*Comme c'est intéressant !*
How busy you are!	*Qu'est-ce que tu es occupé !*

Prononciation

CD2 piste 2

Dans ces trois listes de mots vous reconnaîtrez trois prononciations différentes de la lettre **o** : [**oh**], [**or**] et [**ow**]. Si la prononciation de certains mots paraît assez évidente, ce n'est malheureusement pas toujours le cas, comme pour les groupes de lettres **aw** et **ough** qui se prononcent [**or**].

- Lisez ces trois groupes de mots à voix haute, puis essayez de les répéter sans les regarder.

  [oh] : know • boat • so • phone • go

  [or] : door • for • more • saw • bought

  [ow] : now • pound • mouse • how • count

Exercices

CD2 piste 2

1) Que sont-ils en train de faire ? Faites une phrase pour chaque illustration comme dans l'exemple.

a Gus

b Tammy

ex:. It's seven o'clock Gus is getting up.

c Nicolas

d Sandrine and Angela

e Brian

f Gus

g Nicolas and Sandrine

h Tammy

2) Associez le début de phrase à gauche à la fin qui lui correspond à droite.

a We usually have…	**1** …work by bus.
b Cats like…	**2** …reggae music.
c He goes to…	**3** …Russian very well.
d Bob Marley is the symbol of…	**4** …dinner at half past seven.
e He speaks…	**5** … eating fish.

3) Transformez l'énoncé en utilisant l'amorce proposée.

a It's a surprise!	What…!
b This film is interesting!	What…!
c It's amusing!	How…!
d You are a good boy!	What…!
e It's fantastic!	How…!
f These trousers are nice!	What…!

4) Retrouvez les mots anglais rencontrés dans le chapitre à partir de leurs traductions françaises.

a rien
b quelque part
c encore
d gagner
e probablement
f s'inquiéter

À vous de jouer !

Voici une nouvelle rubrique dans laquelle nous vous présentons des documents authentiques. Lisez le document ci-contre qui fait référence à quelques sports très populaires au Royaume-Uni.

SPORTS NEWS

CRICKET

England have hopes of victory

India's score is 322-9 in reply to England's 393 in Nagpur, India.

FOOTBALL

Real Madrid 0-1 Arsenal

Thierry Henry's goal gives Arsenal a Champions League win against Real Madrid in the Bernabeu.

SAILING

Record-breaking yachtswoman Dame Ellen MacArthur sails solo around the world in record time.

HORSE RACING

"Hedgehunter" wins the Grand National

RUGBY UNION

Saturday, 11 March

Ireland vs Scotland, 15:30

France Women vs England Women, 15.00

Sunday, 12 March

France vs England, 15:00

Saturday, 18 March

Wales vs France, 15:30

VOCABULAIRE

hope	*espoir*
victory	*victoire*
reply	*réponse*
goal	*but*
to give	*donner*
against	*contre*
horse racing	*courses (de chevaux)*
to sail	*naviguer (ici « à voile »)*
yachtswoman	*navigatrice (à voile)*
around	*autour*
world	*monde*

Vous avez sans doute compris l'essentiel. Maintenant, essayez de répondre aux questions suivantes :

- **a** What is the name of the French footballer who plays for Arsenal?
- **b** When is the France-England rugby match?
- **c** What does Ellen MacArthur have a sailing record for?

d What sport are French and English women playing on Saturday 11th March?
e Who is playing against England at cricket?

Les sports

Le sport joue un rôle considérable pour beaucoup de Britanniques qui pratiquent de nombreuses activités sportives. La marche à pied est le sport le plus pratiqué, suivie par le vélo pour les hommes, la natation et la gymnastique pour les femmes.

Un sport d'équipe féminin très répandu en Grande-Bretagne, en particulier dans les écoles, reste méconnu en France. Il s'agit du **netball**, dérivé du basketball. Le **cricket**, pratiqué principalement par les hommes, très populaire outre-Manche, est lui aussi assez mal connu en France. Deux équipes de onze joueurs s'affrontent, soit en tant que batteurs, soit en tant que lanceurs et ramasseurs de balles. Le but est de marquer plus de points (**runs**) que l'équipe adverse. La Grande-Bretagne a exporté ses sports dans tout le Commonwealth. Ainsi on joue au cricket en Australie, en Nouvelle-Zélande, en Afrique du Sud, en Inde, au Zimbabwe, au Pakistan, au Bangladesh, au Sri Lanka, et aux Caraïbes. Parmi les autres sports les plus populaires figurent le football, le rugby et le tennis, qui, tout comme le cricket, virent le jour en Grande-Bretagne.

On peut également citer les courses de chevaux, qui donnent lieu à des paris acharnés, et le polo, un sport importé d'Inde au XIXe siècle et pratiqué essentiellement par l'aristocratie britannique. Les Britanniques sont aussi particulièrement attachés à la mer et aux activités qui lui sont liées : la navigation de plaisance et la pêche par exemple.

Mini-test

CD2 piste 2

Imaginez ce que vous diriez dans les situations suivantes. Attention, n'oubliez pas qu'il y a deux façons différentes de faire référence au présent en anglais : on peut utiliser le présent simple pour évoquer des habitudes et le présent avec **be** + verbe + **-ing** pour les actions en cours.

a Un ami vous téléphone : vous vous excusez et expliquez que vous êtes en train de dîner.
b Vous dites qu'il pleut, alors vous ne jouez pas au tennis cet après-midi.

- **c** Vous expliquez que votre père parle espagnol et anglais.
- **d** Votre ami demande à regarder le match de foot : vous dites que vous attendez le film.
- **e** Vous expliquez que les femmes ne jouent pas au netball en France.
- **f** Un voisin vous invite à boire un verre, vous acceptez et vous dites que vous n'allez pas souvent au pub.

12

The good old days

Le bon vieux temps

Dans ce chapitre vous apprendrez à :

- dire que vous avez faim ou soif
- commander dans un café
- demander l'addition
- parler du passé

Avant de commencer...

Vous aurez certainement envie, comme Sandrine et son amie, de faire une pause après vos courses. Comment commander un café ou un thé et un en-cas dans un café ? C'est ce que nous verrons dans le premier dialogue. Dans le second dialogue, Sandrine évoquera le « bon vieux temps » avec un voisin, un retraité du nom de M. Grimshaw.

Activité

Commençons par un petit exercice de révision sur l'omission de l'article **the**. Il n'y a aucun article dans les phrases qui suivent, ajoutez **the** dans les deux phrases pour lesquelles c'est nécessaire.

- **a** Mary's going to church this morning.
- **b** Their children never want to go to bed.
- **c** Sandrine loves classical music.
- **d** Lets go to shops.
- **e** Gus never stays at home on Saturdays.
- **f** Put cups in cupboard!

Dialogue 1

CD2 piste 3

Sandrine and her friend Anne are sitting in a café. They're chatting about their weekend. They want something to eat and drink. They are hungry and thirsty after their shopping. Now they are looking at the menu. The waitress comes to take their order.

Waitress	Good afternoon. Are you ready to order?
Anne	Hello. Yes, I'd like a pot of tea and a brownie, please.
Sandrine	What's a BLT sandwich?
Waitress	That's a bacon, lettuce and tomato sandwich.
Sandrine	Oh, no... er, could I have a ham and salad sandwich?
Waitress	Is that with white or wholemeal bread?
Sandrine	Wholemeal, please.
Waitress	Anything to drink?
Sandrine	Yes, I'd like something cold... a small Coke, please.
Waitress	Would you like anything else?
Sandrine	No that's all, thank you.

Later…

Anne	Could I have the bill, please?
Waitress	Certainly!

VOCABULAIRE

to eat	*manger*
to be hungry	*avoir faim*
to be thirsty	*avoir soif*
menu	*carte (au restaurant)*
waitress	*serveuse*
order	*commande*
ready	*prêt(e)*
to order	*commander*
lettuce	*salade ; laitue*
ham	*jambon*
wholemeal bread	*pain complet*
... anything?	*... quelque chose ?*
something	*quelque chose*
cold	*froid(e)*
... anything else?	*... quelque chose d'autre ?*
later	*plus tard*
bill	*addition, note*
certainly	*certainement*

Dialogue 2

CD2 piste 3

Sandrine is talking with one of her old neighbours, Mr Grimshaw, who is 93. Life is very different from when he was young. What was it like before? He remembers the past...

Mr Grimshaw	I remember when I was young. Things were different then. There weren't all these modern gadgets.
Sandrine	Yes, we're very lucky today.
Mr Grimshaw	Yes. But I prefer the good old days. Now I can't run or cycle, I'm too old.
Sandrine	I'm sure you were good-looking when you were young.
Mr Grimshaw	Not bad! I was very sporty too. The girls were very pretty. It's not the same now, they all wear trousers!
Sandrine	And what was life like in those days?
Mr Grimshaw	It was great fun when I was 20. I wasn't married then of course...
Sandrine	What about the town?

Mr Grimshaw Oh, everything was different! There weren't many cars and there weren't any motorways. I had a bicycle to go to work. There weren't any shopping centres like today. And here in 1913, when I was born, there weren't any houses, just fields! There weren't any televisions, computers, mobile phones... But there were lots of things to do – sport, walking, chatting to friends. The good old days were better, you know!

VOCABULAIRE

to talk	*parler*
life	*vie*
young	*jeune*
What was it like before?	*Comment c'était avant ?*
past	*passé*
too	*trop ; aussi*
sure	*sûr(e)*
sporty	*sportif(ve)*
pretty	*joli(e)*
same	*pareil(le)*
It was great fun.	*C'était très amusant.*
everything	*tout*
there was/were	*il y avait*
motorway	*autoroute*
shopping centre/mall	*centre commercial*
I was born	*je suis né(e)*
field	*champ*
mobile phone	*téléphone portable*
lots of	*plein de*
better	*mieux*

Compréhension

Le paragraphe suivant décrit l'appartement de Sandrine et Nicolas et tous les appareils électriques qu'ils possèdent. Lisez-le plusieurs fois. Vous comprendrez ou devinerez le sens de la plupart des mots nouveaux, que vous pourrez ensuite vérifier.

Sandrine and Nicolas haven't got a lot of money. Their flat is small but it's comfortable. Like most people, they've got a lot of electrical appliances. Of course, they wash their clothes in the washing-machine. They'd like to buy a dishwasher too. In the kitchen, there's a food mixer, a microwave and an iron and there's a hairdryer in the bathroom. In the living room, they've got a computer, a television, a DVD player, a CD player and a radio. In the bedroom there's a digital alarm clock. This is the gadget they don't like very much!

VOCABULAIRE

comfortable	*confortable*
most	*la plupart*
people	*gens*
electrical appliance	*appareil électrique*
to wash	*laver*
washing-machine	*machine à laver*
dishwasher	*lave-vaisselle*
food mixer	*mixeur*
microwave (oven)	*(four à) micro-ondes*
iron	*fer à repasser*
hairdryer	*sèche-cheveux*
DVD player	*lecteur DVD*
digital alarm clock	*réveil à affichage numérique*

Grammaire

1) Something *ou* anything ?

Au chapitre 9 vous avez découvert **some** et **any** pour parler d'une certaine quantité. Vous vous souvenez certainement que **some** s'emploie dans les phrases affirmatives et **any** dans les phrases négatives et interrogatives. **Something** et **anything** fonctionnent de la même manière.

Sandrine wants something cold to drink.	*Sandrine veut boire quelque chose de froid.*
She doesn't want anything hot.	*Elle ne veut pas quelque chose de chaud.*
Do you want anything else?	*Voulez-vous quelque chose d'autre ?*
No, I don't want anything, thank you.	*Non je ne veux rien, merci.*

Notez qu'après une négation, la traduction de **anything** est soit *quelque chose* soit *rien* selon la phrase.

On trouve **some** et **any** associés à d'autres termes. Ces mots composés s'emploient de la même manière dans les phrases affirmatives, négatives et interrogatives.

somewhere/anywhere = *quelque part*
not... anywhere = *nulle part*

I can't find my keys anywhere. They must be somewhere. in the house	*Je ne trouve mes clés nulle part. Elles doivent être quelque part dans la maison.*

someone/anyone, somebody/anybody = *quelqu'un*
(Il n'y a pas de différence de sens entre **someone** et **somebody**, etc.)

Someone is looking at you.	*Quelqu'un te regarde.*
Does anybody want a beer?	*Est-ce que quelqu'un veut une bière ?*

2) Was *et* were

Was et **were** sont les deux formes du verbe **to be** au passé simple. Tous les autres verbes n'ont qu'une seule forme au passé simple, comme vous allez le voir au chapitre 14. Pour le verbe **to have**, par exemple, le passé simple est **had** à toutes les personnes.

Voici un tableau des formes de **to be** au passé simple :

+ Forme affirmative
I/he/she/it **was** different then.
you/we/they **were** different then.

- Forme négative
I/he/she/it **wasn't** different then.
you/we/they **weren't** different then.

? Forme interrogative
Was I/he/she/it different then?
Were you/we/they different then?

• Réponses brèves
Yes, I/he/she/it **was**.
Yes, you/we/they **were**.
No, I/he/she/it **wasn't**.
No, you/we/they **weren't**.

• Formes contractées : **wasn't** correspond à **was not** et **weren't** à **were not**.

Dans la liste de vocabulaire vous avez vu **I was born** = *je suis né*. Vous l'aviez déjà rencontré au chapitre 9. Ce n'est pas une erreur, cette expression est au passé en anglais.

3) Everything *ou* all ?

Il est important de faire la différence entre **all** et **everything** pour dire *tout.*

Lorsque l'on veut traduire le pronom *tout*, sans nom, on dit **everything**, qui se traduit littéralement par *toute chose.*

En revanche, pour traduire *tout/toute/tous/toutes* + un nom, on emploie **all** suivi du nom en question. Mais il faut faire la différence entre deux cas de figure :

- Si l'on parle d'un groupe restreint, on utilise **all** + article + nom

All the children (in the class) have a computer.
Tous les enfants (de la classe) ont un ordinateur.

- Si l'on parle d'un groupe de manière générale, on utilise **all + nom**

All children love chocolate.
Tous les enfants aiment le chocolat.

4) To be lucky, hungry, thirsty

Ces expressions s'emploient avec le verbe **to be** en anglais alors qu'en français on les emploie avec le verbe *avoir.* On peut aussi placer les mots **lucky** = *chanceux*, **hungry** = *affamé* et **thirsty** = *assoiffé* devant un nom, puisque ce sont des adjectifs.

He is lucky.	*Il a de la chance.* (ou bien *Il est chanceux.)*
He's a lucky man.	*Il a de la chance.*
	(littéralement « C'est un homme chanceux. »)
Look at those hungry children!	*Regardez ces enfants affamés*
	(ou qui ont faim) !
What a thirsty dog!	*Qu'est-ce qu'il a soif ce chien !*

Prononciation

CD2 piste 3

Lisez et essayez de différencier la prononciation des paires de mots ci-dessous.

[ait]/[éy] : sell/sale • test/taste • let/late • wet/wait
[i] court/[i] long : live/leave • bit/beat • chick/cheek • miss/meet • fill/feel
[o]/[or] : so/saw • go/gore • coat/court • code/chord • bow/bore

Exercices

1)

Observez les deux illustrations ci-dessus. Comparez-les pour voir ce qui a changé entre 1913 et aujourd'hui. Ensuite complétez les phrases en utilisant **there is/are** pour le présent et **there was/were** pour le passé.

ex. : There was a big tree next to the church in 1913.

- **a** In 1913, ... where there's a supermarket today.
- **b** ... and not a motorway.
- **c** ... and there's a church today in the same place *(endroit)*.
- **d** Today there are lots of cars, but then ...
- **e** ... any houses next to the shops.

f Today there's a road sign, but then ....
g What was in place of the garage?

2) Complétez les phrases suivantes en utilisant : **something**, **anything**, **someone**, **anyone**, **somewhere**, **anywhere**.

a Where's my handbag? I know it's ... in this room!
b Are you doing ... interesting this weekend?
c This exercise is difficult, so ... will help you with it.
d I am new in this town: I don't know ....
e Tell me ... nice, please.
f Homeless people *(les sans-abris)* haven't got ... to sleep.
g I'm sorry, I don't understand ..., I can't speak Russian.

À vous de jouer !

Observez la carte du café Shakespeare, où Sandrine et Anne se sont rendues, puis répondez aux questions ci-contre :

MENU

The Shakespeare Café

Drinks
Tea £1
Coffee £1.50
Soft drinks from £1
Coke, Sprite, Fanta small £1, regular £1.30, large £1.50

Sandwiches
Cheese and tomato £3.20
Ham and salad £3.20
BLT £3.20
Tuna £3.20
All sandwiches are made with fresh white or wholemeal bread

Desserts and Cakes
Apple crumble £1.50
Home-made cakes £1.90
Brownies £1 each
Cookies £1 each

coffee	*café (boisson)*
soft drink	*boisson non alcoolisée*
small	*petit(e)*
regular	*normal(e)*
large	*grand(e)*
tuna	*thon*
home-made	*fait maison*
apple	*pomme*

a How many different sorts of sandwiches are there?
b How much does a regular Sprite cost?
c Can you only have sandwiches made with white bread?
d Does a soft drink have alcohol in it?
e Why are the cakes special?

Les traditions

Le Royaume-Uni est un pays riche en traditions, mais curieusement il n'y a pas de fête nationale célébrée dans tout le pays comme en France. En Angleterre, dont l'emblème est la rose, on fête la **Saint George** le 23 avril. En Écosse, c'est la **Saint Andrew**, le 30 novembre, et les Écossais arborent leur emblème, le chardon. La **Saint David,** le 1er mars, est la fête nationale galloise, et le symbole du pays de Galles est le poireau. Enfin, la **Saint Patrick**, le 17 mars, est un jour férié officiel en Irlande, où il est coutume d'arborer un trèfle. La Saint George, la Saint Andrew et la Saint David ne sont pas des jours fériés et ne font pas l'objet de célébrations particulières.

Mais retenons seulement deux traditions typiquement britanniques :

Au Royaume-Uni le jour de commémoration de l'armistice du 11 novembre 1918 est appelé **Poppy Day** ou **Remembrance Day**. À cette occasion, de nombreuses personnes portent un coquelicot (**poppy**) à leur veste, vendu au bénéfice d'une association d'aide aux anciens combattants et à leurs familles. Pourquoi un coquelicot ? Durant la Première Guerre mondiale, il y eut une floraison exceptionnelle de coquelicots en Belgique, notamment à Ypres. L'intensité des combats dans les tranchées avait fait resurgir des graines jusque-là enfouies sous terre.

Bonfire Night est une fête beaucoup plus joyeuse, même si son origine est macabre. Elle a lieu le 5 novembre. Ce jour-là on allume un grand feu de joie (**bonfire**) sur lequel on brûle un pantin, et on tire des feux d'artifices. Cette fête a lieu en souvenir de Guy Fawkes, qui tenta, en 1605, de faire exploser le parlement et le roi qui s'y trouvait. Fawkes et ses complices catholiques voulaient éliminer le roi protestant, James I, du fait qu'il menait une politique de persécution des catholiques. Le complot fut découvert, et ils furent exécutés pour trahison. Aujourd'hui cette fête reste populaire, et l'on peut assister à de grandes manifestations de rue ou organiser un feu d'artifice dans son jardin.

Mini-test

CD2 piste 3

Consultez à nouveau la carte du Shakespeare Café, puis formulez des phrases selon les consignes.

a La serveuse vous demande si vous êtes prêt(e) à passer votre commande. Que dit-elle ?
b Que dites-vous pour commander un sandwich au jambon et à la salade, et un café ?
c La serveuse demande si vous voulez quelque chose d'autre, que dit-elle ?
d Votre amie demande quelque chose de froid, un petit Coca, que dit-elle ?
e Que dites-vous pour demander l'addition ?

13

Looking for a job

Chercher un emploi

Dans ce chapitre vous apprendrez à :

- lire les petites annonces
- dire les numéros de téléphone
- préparer un curriculum vitae
- raconter le passé

Avant de commencer...

Sandrine et Nicolas cherchent un emploi à mi-temps à Birmingham. Sandrine en discute avec Tammy en évoquant ses expériences professionnelles précédentes. Cela vous permettra d'approfondir l'emploi du passé. Après avoir lu les offres d'emploi, Sandrine rédige son curriculum vitae et téléphone pour obtenir des informations sur les annonces qui l'intéressent.

Activité

Sandrine a commencé à rédiger son curriculum vitae. Cela vous donne l'occasion de réviser les questions simples sur l'identité de votre interlocuteur.

Quelles questions faut-il poser à Sandrine pour obtenir les informations suivantes ?

- a **Name:** Sandrine Frémont
- b **Date of birth:** 15th April 1980
- c **Address:** 35 Rosemount Avenue, Birmingham BI4 ES6
- d **Telephone:** 0121 657 5511
- e **Email:** sfremont@hotmail.com
- f **Marital status:** married
- g **Nationality:** French

Dialogue

CD2 piste 4

Sandrine tells Tammy about her plans, her experience and how she met Nicolas.

Sandrine	This job with Travelsure looks interesting, doesn't it?
Tammy	Yes, it does. Do you have any experience?
Sandrine	Well, when I was 19, I worked in a supermarket. I didn't like it much but I had experience with customers.
Tammy	What did you do after that?
Sandrine	I got a job in a bank.
Tammy	That's good. Did you use a PC?
Sandrine	Oh yes, I used it a lot.
Tammy	And what about your qualifications? Did you go to college in Switzerland?
Sandrine	No, I didn't, I was in Nantes then.
Tammy	What did you study?
Sandrine	I studied languages and tourism.
Tammy	Why didn't you stay in Switzerland?
Sandrine	Because I wanted to be with Nicolas!
Tammy	Did you meet him in Switzerland?
Sandrine	Yes, one day in the street this young man asked me the way to the station and we started talking...
Tammy	...and then he kissed you! How romantic!
Sandrine	Oh Tammy, he didn't kiss me there and then!

VOCABULAIRE

to look interesting	*avoir l'air intéressant*
much	*beaucoup*
customer	*client(e)*
to use	*utiliser*
street	*rue*
to ask	*demander*
way	*chemin*
station	*gare*
to kiss	*embrasser*
there and then	*sur-le-champ*

Grammaire

Le « simple past » est le temps qu'il faut utiliser en anglais pour parler d'événements passés. Attention, en français on utilise couramment le passé composé pour parler du passé, mais ce temps n'a pas d'équivalent exact en anglais.

Simple past

L'emploi du « simple past » ressemble beaucoup à celui du présent simple, que vous avez rencontré au chapitre 4. C'est peut-être le moment de le revoir si vous l'avez oublié.

À la forme affirmative, on ajoute le plus souvent **-ed** au verbe, à toutes les personnes :

wait → waited

Si le verbe finit déjà par un **e**, il suffit d'ajouter un **d** :

use → used

Pour les verbes qui finissent par **y**, la terminaison devient **ied** :

study → studied

Aux formes négative et interrogative, le verbe n'est pas modifié, c'est l'auxiliaire **did** qui indique le temps. En effet, **did** est la forme passée de **to do**. Par exemple, lorsqu'au présent on dit « I **don't** like the film », au passé on dira « I **didn't** like the film ».

Relisez le dialogue et consultez tranquillement le tableau ci-dessous avant de faire les exercices. N'oubliez pas que vous pouvez remplacer **I** par **you**, **he**, **she**, **it**, **we** ou **they**, sans changer le reste de la phrase.

+ Forme affirmative

I kiss**ed** him. *Je l'ai embrassé.*

- Forme négative

I **did**n't kiss him. *Je ne l'ai pas embrassé.*

? Forme interrogative

Did you kiss him? *Est-ce que tu l'as embrassé ?*

• Réponses brèves

Yes, I **did**.

No, I **did**n't.

• Forme contractée : **didn't** correspond à **did not**.

Prononciation

CD2 piste 4

1) Voici des sons qui se ressemblent : [**euh**] comme dans **her** et [**air**] comme dans **their**. Dans les deux listes suivantes cherchez le mot qui ne se prononce pas comme les autres. Dans les mots de plus d'une syllabe, tenez compte seulement des lettres soulignées. Ensuite, vous pouvez vérifier vos réponses en écoutant l'enregistrement ou en vous faisant aider par quelqu'un qui parle bien anglais.

her • word • verb • thirsty • beer • birthday • nurse
their • parents • near • there • canary • scary • where

2) Les numéros de téléphone se disent chiffre par chiffre en anglais. Tous les numéros commencent par 0, comme en France. On le prononce [**oh**], comme la lettre de l'alphabet. Lorsque deux chiffres identiques se suivent, on dit **double** suivi du chiffre en question. Par exemple le numéro 01345 966871 se dit :

oh • one • three • four • five *(pause)*
nine • double six • eight • seven • one.

Exercices

1) Mettez ces phrases au simple past.
   - a There's a letter for you.
   - b They don't want any carrots.
   - c Do you like the concert?
   - d He works at the station.
   - e Romeo kisses Juliet.

2) Complétez le parcours professionnel de Tarik Malek en faisant des phrases affirmatives ou négatives. Attention, tous les verbes seront au passé simple.

One summer, Tarik Malek arrived in Birmingham…

   - a For his first job, he… (be) a waiter in an Indian restaurant.
   - b Six months later, he… (open) the Punjab restaurant in Birmingham.
   - c During the first winter he… (not + want) to stay in this town.
   - d Only two years later, he… (decide) to open two new restaurants in London
   - e He… (not + sell) the Punjab.

f Last year, he... (recruit) a famous British chef.
g Yesterday, he... (receive) a Michelin star.
h His customers... (not + be) surprised.

later	*plus tard*
last year	*l'an dernier*
yesterday	*hier*
customer	*client*

À vous de jouer !

Voici quelques annonces qui ont retenu l'attention de Sandrine et Nicolas. Lisez-les, puis répondez aux questions de compréhension ci-aprés :

WAITER OR WAITRESS

We have two part-time vacancies for a waiter or a waitress, 15-17 hours per week. Fluent English necessary. Experience not essential. Competitive pay plus tips and free meals. Please apply by email with CV to Sheila Farmer, Restaurant Manager:

sfarmer@chezfrançois.co.uk

SHOP ASSISTANT

Urgent! Vacancy for part-time shop assistant in friendly book shop. 18 hours per week. Job suits student. Please phone Mike Grant on 01345 776485

MOTHER'S HELP

We are looking for someone to look after our 10-year-old son and 5-year-old daughter. Hours from 7.30 am to 9 am and 3 pm to 6 pm. 4 days a week. Start 20th April.

Contact Susan or Paul Nicholson on 01345 852123

JOIN THE TRAVELSURE TEAM

Travel agency has a vacancy for someone with fluent French. You must have excellent administrative skills, good telephone manner and PC skills. 30 hours a week, Monday to Friday. Contact Graham Fuller by email: graham.fuller@travelsure.co.uk

VOCABULAIRE

part-time	*à mi-temps*
vacancy	*poste à pourvoir*
per week	*par semaine*
fluent	*courant*
necessary	*nécessaire*
tip	*pourboire*
free	*gratuit(e)*
to apply	*postuler*
to start	*commencer*
job	*emploi*
to suit	*convenir*
to look for	*chercher*
to look after	*s'occuper de*
travel agency	*agence de voyages*
skill	*compétence*

- **a** Which job suits a student?
- **b** For which job are French and other skills necessary?
- **c** What other advantages does the waiter or waitress have?
- **d** How old are the Nicholsons' children?
- **e** When must the shop assistant start work?

Le recrutement et l'emploi

En général, lors d'un entretien d'embauche, les recruteurs britanniques cherchent à vous mettre à l'aise et l'ambiance est souvent détendue. Il n'est pas rare qu'on vous offre un thé ou un café. L'entretien joue un rôle important : le profil psychologique, les motivations, les performances sportives ou les activités associatives du candidat sont étudiés de près.

Un CV britannique sera souvent plus accrocheur qu'un CV français, le côté pragmatique anglais supposant qu'on sache ouvertement se vendre. La motivation et l'expérience comptent généralement plus que les diplômes, et la promotion peut être rapide.

Les Britanniques sont particulièrement sensibles à la lutte contre les discriminations. De ce fait, les candidats ne sont pas tenus de préciser leur nationalité ou leur situation familiale, et il n'est pas courant non plus de mettre une photo sur son CV. En revanche, tout CV doit comporter des **references**, c'est-à-dire les coordonnées de personnes ayant employé ou vu travailler le candidat.

Depuis quelques années, de nombreux Français déçus du marché de l'emploi dans l'Hexagone décident de tenter leur chance outre-Manche. Ils sont attirés par un contexte économique porteur et par la perspective d'améliorer leur anglais, d'avoir une première expérience ou même de construire une véritable carrière à long terme. Le recrutement est particulièrement aisé dans l'hôtellerie et la restauration où les compétences françaises sont souvent appréciées.

Mini-test

CD2 piste 4

En 1452 deux explorateurs s'embarquent pour une nouvelle expédition.

Racontez leur histoire au simple past à partir des illustrations et indications suivantes : (**+** vous indique qu'il faut faire une phrase affirmative, **-** qu'il faut faire une phrase négative).

a + kiss

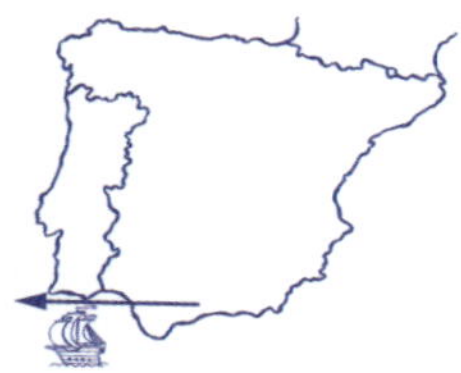

b - start from England

c + sail from Spain on a big boat

d - explore temples

e + look for treasure

f - discover bananas

g + like the Indians

h - return by train

14

We had a great time !

On s'est bien amusés !

Dans ce chapitre vous apprendrez à :

- raconter au passé
- utiliser les verbes irréguliers
- parler du temps et des saisons

Avant de commencer...

C'est lundi soir. Sandrine, Nicolas et leurs amis parlent de leur week-end, qui s'est mieux déroulé pour certains que pour d'autres... Dans ce chapitre, vous utiliserez le simple past et vous apprendrez des verbes irréguliers.

En parlant du week-end, est-ce qu'il a fait beau chez vous ? Vous saurez répondre en anglais après l'étude de ce chapitre.

Activité

CD2 piste 5

Entraînez-vous à lire ces numéros de téléphone et à les écrire en toutes lettres.

a 01345 776 485
b 00 33 2 54 96 33 66
c 0121 654 7931
d 00 44 241 987 321

Dialogue

CD2 piste 5

Nicolas	Well then, did you all have a good weekend?
Gus	I **had** great fun! I **went** to see a friend in town because it **was** his birthday. I **took** the bus there. On the way, I **bought** him a present – some of his favourite CDs. We had a drink at the pub, where we **met** some of his other friends. Then we had a great meal. It was at that new Indian restaurant in King's Street. After that we all went bowling and then dancing. I **came** home at 5 in the morning! It was awesome! On Sunday I just **slept**...
Tammy	My weekend was good too, but different from Gus's. I stayed in on Saturday morning to do some washing. But I went out in the afternoon. I **saw** Helen at the library and we had lunch together. I **ate** a delicious piece of chocolate cake! Yummy! In the evening we **drank** some wine with our meal and watched a horror film on TV. It was really scary! We had a great time!
Angela	Well, on Saturday we took the train to Oxford for the weekend. It rained all Saturday afternoon... We visited the town but when I wanted to buy some postcards I couldn't find my purse. I don't think I **lost** it, I'm sure someone **stole** it. At 9 o'clock I was so tired we went to bed early. But we didn't sleep much. The hotel was so noisy! Our neighbours came in late and then they talked for hours. What a weekend!

birthday	*anniversaire*
present	*cadeau*
other	*autre(s)*
to dance	*danser*
awesome (US)	*génial(e)*
delicious	*délicieux(se)*
Yummy!	*Miam-miam !*
wine	*vin*
horror film	*film d'horreur*
scary	*effrayant(e)*
to rain	*pleuvoir*
postcard	*carte postale*
to find	*trouver*
purse	*porte-monnaie*
to lose	*perdre*
to steal	*voler*
early	*tôt*
so	*si*
noisy	*bruyant(e)*

Grammaire

Simple past • verbes irréguliers

Vous avez déjà rencontré **did** et **had**, les formes de **to do** et **to have** au simple past. Ce sont des formes irrégulières, qui ne prennent pas la terminaison **-ed** au passé comme les verbes réguliers. Les verbes irréguliers, souvent des verbes très courants, sont assez nombreux et doivent être appris par cœur. Voici ceux que vous avez rencontrés dans ce chapitre. Vous trouverez une liste plus complète page 239.

Lisez et répétez les verbes suivants.

to buy, I bought	to eat, I ate	to lose, I lost	to sleep, I slept
to come, I came	to find, I found	to meet, I met	to steal, I stole
to drink, I drank	to go, I went	to see, I saw	to take, I took

La forme irrégulière ne s'emploie qu'à la forme affirmative et elle est la même pour toutes les personnes. Pour les phrases négatives et les questions, on utilise **did** et le verbe de base, comme pour les verbes réguliers.

Angela and Brian **went** to Oxford.
Gus **didn't go** to Oxford.
Where **did** they **go** last weekend?

Prononciation

CD2 piste 5

Au chapitre précédent, vous avez découvert le simple past. Vous savez donc que dans la plupart des cas, il suffit d'ajouter **-ed** au verbe pour former le passé d'un verbe dans une phrase affirmative. Cette terminaison **-ed** se prononce de trois façons différentes selon le verbe auquel elle est ajoutée : [**t**], [**d**] ou [**id**] (avec un [**i**] très court). C'est une question de facilité de prononciation, comme vous le remarquerez, et avec l'habitude vous ferez automatiquement le bon choix. Lisez à voix haute ou écoutez l'enregistrement et répétez.

[**t**] : liked • washed • asked • worked
[**d**] : called • pleased • lived • stayed
[**id**] : wanted • needed • waited • chatted

Exercices

1) Reprenez le dialogue et dites si ces phrases sont vraies ou fausses. Répondez par « **yes** » ou par « **no** » en ajoutant une réponse brève.

a Gus didn't see anybody on Sunday.
b Tammy went for a walk on Saturday morning.
c Angela stayed at her friend Anne's house.
d Tammy went to the cinema.
e Gus liked his meal.

2) Répondez à ces questions sur le dialogue. Lorsque la réponse est « **no** » ajoutez une réponse brève et une phrase complète pour justifier votre réponse.

a Did Tammy go shopping on Sunday?
b What did Gus buy for his friend's birthday?
c Did Angela have a good time in Oxford?
d Who did Tammy see in the library?
e Did Gus work on Sunday?
f Why didn't Angela have her purse?

3) Complétez ce texte sur la vie de J.K. Rowling avec les verbes qui vous sont donnés.

J.K. Rowling ... (be born) in 1965 in Gloucestershire. Her family ... (live) in a charming cottage in Tutshill and she ... (go) to the village school. She ... (start) writing quite young. One day she ... (need) to go to Manchester. While she ... (be) on the train, the idea for Harry Potter suddenly ... (come) to her but she ... (not + have) anything to write with! At first experts ... (not + think) Harry Potter ... (be) a good idea but now J.K. Rowling is extremely rich and popular.

À vous de jouer !

1) Voici les prévisions données à la veille d'un week-end du mois de mars. Observez cette carte météorologique (**weather map**) et les températures prévues.

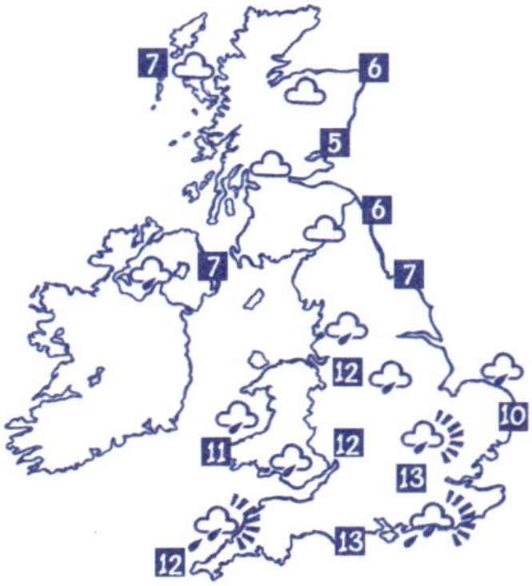

- Voici quelques prévisions pour les jours à venir à Birmingham.

Today
Mostly cloudy but becoming much milder. A little rain or drizzle at times. Maximum temperature 11°C (52°F).

Tonight
Staying largely cloudy with a little rain or drizzle. Minimum temperature 6°C (43°F).

Outlook for Saturday
Cloudy with some rain. Breezy but mild.

VOCABULAIRE

today	*aujourd'hui*
cloudy	*nuageux*
mild; milder	*doux ; plus doux*
drizzle	*bruine*
tonight	*cette nuit*
outlook	*perpective(s)*
cold ; colder	*froid ; plus froid*
breezy	*avec un vent léger*
windy ; windier	*avec du vent ; avec plus de vent*
sunny periods	*passages ensoleillés*
fog	*brouillard*
snow	*neige*
sunny	*ensoleillé*
shower	*averse*
stormy	*orageux*

Répondez à présent aux questions suivantes :

a Is there a lot of rain?
b What's the difference between the maximum and minimum temperatures?
c Is the outlook good for Saturday?

2) Voici à la même date, les températures ailleurs en Europe.

Marseille, France, 20° 

Lisbon, Portugal, 16° 

Cardiff, Wales, 13° 

Berlin, Germany, 8° 

Oslo, Norway, -2° 

Athens, Greece, 24° 

Madrid, Spain, 12° 

London, England, 15° 

Edinburgh, Scotland, 4° 

Paris, France, 9° 

- Répondez aux questions suivantes :
  - **a** What was the weather like in Athens?
  - **b** Was the weather mild in Oslo?
  - **c** Why wasn't it a good day to drive in Berlin?

Les points cardinaux

The Climate

British people have a reputation for talking about the weather a lot. This is probably because the weather is quite unpredictable and changes frequently. The British climate is generally mild with no extremes: the temperature rarely goes below 0° C in winter or as high as 30° C in summer, so when it does it becomes quite a talking point. There are regional differences. It is usually a bit colder in the north, the west is often warmer and wetter and the east is cooler, drier and windier. Whatever time of year you visit Britain, it's always best to take a variety of clothing and an umbrella, just in case!

The British love a bit of sunshine, and take every opportunity to enjoy good weather when they can – as soon as the sun comes out, cafés put tables outside, people go to parks and beaches and organise barbecues.

VOCABULAIRE

talking point	*sujet de conversation*
warm ; warmer	*chaud ; plus chaud*
wet ; wetter	*humide ; plus humide*
dry ; drier	*sec ; plus sec*
whatever	*quel(le) que soit*
just in case	*au cas où*
sunshine	*soleil, ensoleillement*
as soon as	*dès que*
outside	*dehors*

Mini-test

CD2 piste 5

Et vous ? Qu'avez-vous fait samedi dernier ?

- **a** When did you get up?
- **b** What did you do in the morning?
- **c** What time did you have lunch?
- **d** What did you eat?
- **e** What did you do in the afternoon?
- **f** Did you stay in or go out in the evening?
- **g** Did you go to bed early or late?

15

I'm lost!

Je suis perdue !

Dans ce chapitre vous apprendrez à :

- épeler votre nom
- demander votre chemin
- comprendre les indications que l'on vous donne
- téléphoner à la banque
- signaler la perte d'un objet

Avant de commencer...

Sandrine découvre la ville de Birmingham à pied. Elle a parfois besoin de demander son chemin. Malheureusement, elle perd sa carte bancaire en cours de route et doit faire les démarches nécessaires pour faire opposition. Il sera donc question dans ce chapitre non seulement de demander son chemin et d'indiquer un itinéraire, mais aussi d'évoquer l'obligation.

Activité

Une révision fréquente des verbes irréguliers est indispensable pour bien les mémoriser. Complétez les phrases suivantes en mettant le verbe entre parenthèses au passé :

a Sandrine … her scarf in the library yesterday. (to lose)
b Gus … a gorgeous young woman at the pub on Friday. (to meet)
c Tammy … a green jumper at the market. (to buy)
d Angela … home late on Monday. (to come)
e The Frémont … fish and chips last night. (to eat)

Dialogue 1

CD2 piste 6

Sandrine	Excuse me, could you tell me the way to the museum and art gallery?
Man	Yes, of course. Go straight on. Take the second right. Go past the post office and turn left. It's in King's Street.
Sandrine	Thank you very much.
Man	That's all right.

Dialogue 2

CD2 piste 6

Sandrine	Excuse me, is there a nice café near here?
Woman	Yes, there's the Blue Café in Bond Street.
Sandrine	Which way is that?
Woman	Well, go up Hill Lane and under the bridge. Then turn left at the traffic lights. It's next to the bank.

Dialogue 3

CD2 piste 6

Sandrine	Excuse me, I think I'm lost! I want to go to the tourist office in Victoria Square. Am I going the right way?
Policeman	Oh dear no, Madam. You must go back through the market...
Sandrine	Over there?
Policeman	Yes, then cross over the main road and turn right. Carry on up to the church. Victoria Square is behind it. You can't miss it.
Sandrine	Er, sorry, could you say that again, please?
Policeman	Here, let me show you on your map.

VOCABULAIRE

to tell	*dire*
straight on	*tout droit*
right	*à droite ; droit*
to go past	*passer devant*
to turn	*prendre (littéralement « tourner »)*
left	*à gauche ; gauche*
that's all right	*de rien*
nice	*bon(ne), agréable*
near	*près de*
Which way…?	*Dans quelle direction… ?*
to go up	*monter*
bridge	*pont*
traffic lights	*feux tricolores*
tourist office	*office du tourisme*
the right way	*la bonne direction, le bon chemin*
to go back	*retourner*
through	*à travers*
over there	*là-bas*
to cross over	*traverser*
main road	*rue principale*
to carry on	*continuer*
to miss	*rater*
to let	*laisser*
to show	*montrer*
map	*plan, carte*

Compréhension

Later, at the tourist office, Sandrine got the information she wanted. She came out of the tourist office and crossed over the road to the cash machine. She needed to withdraw some money. However, when she looked in her purse, she couldn't find her credit card. She was worried, of course. So she went looking for it everywhere. She ran back to the café to look there. No card there. It must be at the museum. She walked over the bridge, back to the museum. Still no card! Finally she phoned to report the loss. The bank said they would stop the card and she just had to go to the bank and fill in a form.

a Where did Sandrine go after the tourist office?
b What did she need?
c What couldn't she find?
d Which way did Sandrine go from the café to the museum?
e What did she decide to do?
f What was the last thing she had to do?

VOCABULAIRE

to get	*obtenir*
to come out	*sortir*
cash machine	*distributeur de billets*
to withdraw	*retirer*
however	*cependant*
credit card	*carte de crédit*
worried	*inquiet(ète)*
to report	*signaler*
loss	*perte*
to have to + verb	*devoir + infinitif*
to fill in	*remplir*
form	*formulaire*

Dialogue 4

CD2 piste 6

Here is the phone conversation.

Lost card service	Hello, Barclaycard centre, can I help you?
Sandrine	Yes, I'm phoning to report the loss of my credit card.
Lost card service	Right. Can you give me your card number?
Sandrine	Yes, I can. It's 6578 1458 9632 8551.
Lost card service	And do you know the expiry date?
Sandrine	I think it's May 2008, but I'm not sure.
Lost card service	It doesn't matter. Can I have your name please?
Sandrine	Yes, of course, Sandrine Frémont.
Lost card service	Could you spell that for me, please?
Sandrine	My first name's Sandrine, that's S-A-N-D-R-I-N-E and my last name is Frémont, F-R-E-M-O-N-T.
Lost card service	Sorry, was that T or D?
Sandrine	That's T for Tina.
Lost card service	Right, I'll stop the card straight away. All you need to do now is to fill in the form for the loss and ask for a new card.
Sandrine	Thank you, goodbye.
Lost card service	Goodbye.

expiry date	*date d'expiration*
It doesn't matter.	*Ça ne fait rien.*
straight away	*tout de suite*

Grammaire

1) Tell *ou* say?

Voici deux verbes qui peuvent se traduire par *dire*, mais s'utilisent dans des contextes différents. On peut retenir qu'en général, **tell** doit être suivi de la personne à qui on dit quelque chose, alors que **say** est suivi de la chose dite. Il faut donc surtout faire attention à ce que l'on veut mettre en évidence, ce que l'on dit ou la personne à qui on le dit.

Les formules à retenir sont donc **say + thing** et **tell + person**.

They say the film is fantastic. *Ils disent que le film est formidable.*

"Thank you," he said.	*« Merci », a-t-il dit.*
She told me to come at seven.	*Elle m'a dit de venir à 7 heures/ 19 heures.*
I'm telling the children a story.	*Je raconte une histoire aux enfants.*

2) Have to

Have to exprime l'obligation. Vous avez rencontré l'auxiliaire **must** qui exprime l'obligation mais aussi la certitude, tout comme le verbe français *devoir*.

L'emploi de **have to** se limite à l'obligation :

I have to go to the bank. *Je dois aller à la banque.*
ou **I must go to the bank.**

Must a plusieurs sens, mais on ne l'emploie qu'au présent. Au passé on utilise **have to** pour exprimer l'obligation :

Sandrine had to go to the bank. *Sandrine a dû aller à la banque.*

3) To go into, back, over…

En anglais, beaucoup de verbes courants sont suivis d'une préposition ou d'un adverbe qui précise le sens du verbe et parfois même le modifie.

Par exemple, si on ajoute une préposition indiquant la direction aux verbes **to go** et **to come**, leur signification change : **to go up** et **to come up** veulent dire *monter*, alors que **to go down** et **to come down** se traduisent par *descendre*. La différence entre **to go up/down** et **to come up/down** concerne le point de vue du locuteur. Avec **to go** la personne qui parle imagine un éloignement alors que **to come** suppose un rapprochement.

La préposition **back** indique la notion de retour comme dans l'exemple **the glass is cracked**, **I need to take it back to the shop** : l*e verre est fêlé, il faut que je le rapporte au magasin*.

Dans la phrase **she ran back to the café**, où l'on ajoute l'adverbe **back** au verbe **to run**, la traduction en français est plus éloignée encore de l'anglais : *elle est retournée au café en courant.* Cela prouve qu'il n'y a pas forcément un équivalent français pour chaque mot anglais. C'est la même chose lorsque l'on traduit du français à l'anglais.

Prononciation

CD2 piste 6

The alphabet

Vous aurez besoin de connaître l'alphabet pour épeler votre nom ou tout autre mot. Si certaines lettres sont très similaires dans les deux langues, il y a aussi des pièges.

On peut regrouper les lettres en fonction de la façon dont on les dit.

B [bi]; **C** [ci]; **D** [di]; **E** [i]; **G** [dji]; **P** [pi]; **T** [ti]; **V** [vi];
F [èf]; **L** [èl]; **M** [èm]; **N** [èn]; **S** [ès]; **X** [èx]; **Z** [zèd];
A [é]; **H** [étch]; **J** [djé]; **K** [ké];
Q [quiou]; **U** [iou]; **W** [dobeul iou];
I [aïe]; **Y** [ouaïe];
O [oh]
R [arh]

- Il ne faut pas confondre **E** et **I**, qui se disent respectivement [i] et [aïe].
- Attention aussi à **G** et **J**, que l'on dit respectivement [dji] et [djé].

Maintenant écoutez l'alphabet dans l'ordre ou répétez-le à voix haute.

ABCDEFGHIJKLMNOPQRSTUVWXYZ

Exercices

CD2 piste 6

1) Deux mères de famille parlent de leurs enfants. Complétez le dialogue avec **tell** ou **say**. N'oubliez pas le **-s** à la troisième personne du singulier.

a	**Amanda**	I … my children they don't need a mobile phone.
b	**Alison**	But they … all their friends have one.
c	**Amanda**	My daughter … it's cheap and practical.
d	**Alison**	So what do you … them?
e	**Amanda**	I … them they have to wait.
f	**Alison**	But my son … he can't!

2) Mettez les mots dans l'ordre pour former des phrases.

a	leave/has/early/to/Gerry
b	my/write/parents/I/to/must
c	loss/she/report/had/the/her/to/of/card
d	police/the/to/must/you/go
e	across/those/road/mustn't/run/the/children
f	do/to/we/shopping/morning/have/the/this

3) Donnez la traduction des verbes suivants en français :

- a to go into/to come into
- b to go back/to come back
- c to go out/to come out
- d to go through/to come through
- e to go up/to come up

À présent complétez les phrases à l'aide des verbes que vous venez de traduire.

1. Nicolas wanted Sandrine to ... home early.
2. The policeman told Sandrine that she had to ... the market to get to the tourist office.
3. "No, it's time for bed, you can't ... to play," his mother said.
4. When you take the Eurostar, you ... the Channel tunnel at Calais.
5. Quick! Stop your grandmother! It's too dangerous for her ... that ladder (*échelle*).

4 Épelez les sigles suivants, puis vos nom, prénom et le nom du lieu où vous vivez.
BBC • KGB • CIA • DJ • WC • UK • USA • SOS • DVD

À vous de jouer !

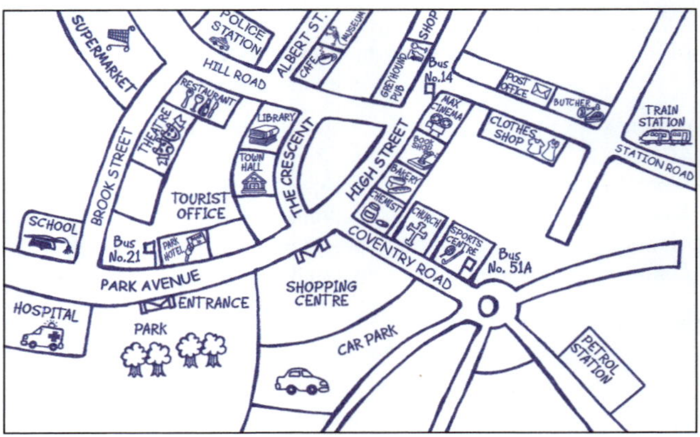

Voici une carte du centre de Newtown. Observez la carte et lisez les phrases qui suivent :

The Greyhound Pub is **opposite** (*en face de*) the Max cinema.

The café is on the **corner** (*coin*) of Hill Road and Albert Street.

The number 14 bus stops **outside** (*devant*) the cinema.

Maintenant vous devez pouvoir répondre à ces questions :

- **a** You are in High Street. Where is the Post Office?
- **b** I am in the park. Could you tell me the way to the supermarket, please?
- **c** Which way do you go from the town hall to the theatre?
- **d** I'm at the petrol station. Could you tell me the way to the restaurant on Hill Road?
- **e** It's near the park, next to the tourist office, what is it?
- **f** Where does the number 51A bus stop? Is it near the school?

Public Transport

In Britain you can travel by bus for short distances and by coach or train for long distances.

In the past, rail services in Britain were operated by the national company British Rail, but they were privatised in the early 1990s and are now run by private regional companies. Prices vary a lot: tickets can be cheap if you book early, but they become expensive if you book late, particularly at peak hours.

London is famous for its red **double-decker buses**, but these are becoming less common. Many cities now have modern **bendy buses** instead. Like the trains, buses are operated by private regional companies. In some cities you can buy tickets from the driver; in others you must get them from a machine. Prices vary, but most buses offer single tickets or day passes. Traditional black cabs are very convenient, especially at night, but can be expensive.

The quickest way to get around London is by underground (called **the Tube**). You must buy your ticket before you travel from a machine or at a counter. Be warned that the Tube gets extremely busy at peak hours. Glasgow and Newcastle also have underground systems. A few cities, including Manchester and Sheffield, have recently introduced modern trams as a clean and fast way to get around.

VOCABULAIRE

short	*court(e)*
coach	*car*
to run	*gérer*
peak hours	*heures de pointe*
less	*moins*
bendy bus	*bus articulé*
single ticket	*aller simple*
day pass	*carte valable pour la journée*
cab	*taxi*
underground	*métro*
get around	*se déplacer*

Test d'autoévaluation 03

Vous êtes bien avancé(e) dans cette méthode maintenant. Prenez le temps de faire ce troisième bilan pour les chapitres 11 à 15. Révisez bien ces cinq chapitres à votre rythme avant de faire le test d'autoévaluation que vous trouverez page **207**. Ensuite vous serez prêt(e) pour la dernière ligne droite !

16

Let's go out tonight

Sortons ce soir

Dans ce chapitre vous apprendrez à :

- faire des comparaisons
- réserver une table au restaurant
- exprimer le futur

Avant de commencer...

C'est l'anniversaire de mariage d'Angela et Brian dans une semaine. Ils veulent fêter l'occasion et décident d'aller dîner au restaurant. Le couple choisit un bon restaurant à Birmingham, puis Angela téléphone pour réserver une table. Le troisième dialogue a lieu au restaurant. Vous allez découvrir dans ce chapitre les adjectifs comparatifs et les superlatifs, mais aussi l'expression du futur.

Activité

Voici quelques conseils pour bien mémoriser le vocabulaire. Vous retiendrez mieux les mots en les associant par paires ou par familles. Apprendre les mots en contexte, dans des phrases, vous permettra également de mieux comprendre et mémoriser le vocabulaire. Commencez aussi à utiliser le dictionnaire pour trouver d'autres exemples et découvrir d'autres sens que ceux rencontrés dans ce livre.

Pour vous entraîner, complétez les paires de mots suivantes en vous inspirant des exemples donnés.

a mother/father	daughter/... ; woman/... ; aunt/...
b student/teacher	patient/... ; criminal/... ; customer/...
c car/to drive	glass/to ... ; soap/to ... ; book/to ...
d good/bad	hot/... ; cheap/... ; wet/...
e in/out	on/... ; up/... ; in front of (*devant*)/...

Dialogue 1

CD2 piste 7

In this first dialogue Angela and Brian aren't sure which restaurant to choose.

Brian	Angela, you know it's our wedding anniversary next Thursday, don't you?
Angela	Yes, of course I do. I can even tell you it's our fifth! Let's do something special. What about a really good meal out?
Brian	Mm, that sounds good. Where shall we go?
Angela	Well, I like Italian food, but pizza or pasta isn't very special. French cuisine is more sophisticated.
Brian	Yes, you're right, but it's more expensive of course...
Angela	Chinese is cheaper...

Brian	We went there last week and the service was much slower than before.
Angela	We could go to that new Indian restaurant in Bridge Street. It's supposed to be better than the Punjab.
Brian	Yes, Gus says it's smarter and quieter; in fact he thinks it's the best in Birmingham.
Angela	Right, the New Delhi it is, then. I'll phone and book a table.

VOCABULAIRE

to choose	*choisir*
wedding	*mariage*
pasta	*pâtes*
more	*plus*
slow	*lent*
It's supposed to be…	*Il(Elle) est censé(e) être…*
better	*mieux*
smart	*chic*
quiet	*calme*
the best	*le(la) meilleur(e)*
to book	*réserver*

Dialogue 2

CD2 piste 7

Angela now phones the restaurant to book a table.

Restaurant	New Delhi Indian restaurant, good evening.
Angela	Hello, I'd like to book a table for two for next Thursday.
Restaurant	Thursday the twenty-third, certainly, Madam. At what time, please?
Angela	Around seven thirty, if possible.
Restaurant	Yes, that's fine. Can I have your name, please?
Angela	Harris, that's H-A-R-R-I-S.
Restaurant	Right, your table is booked for the twenty-third at seven thirty, Madam.
Angela	Thank you. Goodbye.
Restaurant	Goodbye.

Dialogue 3

CD2 piste 7

Tonight it's their big night out. Angela and Brian arrive at the restaurant:

Waiter	Good evening. Have you booked a table?
Brian	Yes, a table for two, in the name of Harris.
Waiter	Harris, let me see... Yes, sir, would you come this way, please?

The waiter hands Brian and Angela the menu. He comes back five minutes later.

Angela	I'm not sure what to have. I love Indian food but I don't like anything too spicy.
Brian	Why not have the chicken korma, then? It's quite mild.
Angela	That's a good idea. What about you? What are you going to have?
Brian	I love hot food! I'm going to have the lamb jalfrezi – it's really spicy but it's delicious.
Angela	Shall we share a starter? Maybe a portion of pakora?
Brian	Good idea.
Waiter	Are you ready to order?
Brian	Yes, we are. Could we share a portion of pakora for starters, then I'll have the lamb jalfrezi.
Angela	And I'll have the chicken korma, please.
Waiter	And would you like rice or naan bread with that?
Angela	Could we have a portion of rice and a naan bread to share, please?
Waiter	And what would you like to drink? Some wine, beer, mineral water?
Brian	Could we have a bottle of this rosé and some water, please?

Some time later.

Waiter	Is everything OK?
Brian	Yes, it's lovely, thanks. Could we have another bottle of water, please?

Later...

Waiter	Would you like dessert or coffee?
Brian	No dessert for me, thanks, I'm full! But I'll have a black coffee, please.
Angela	Yes, I'll have one too, please. And could you bring us the bill?

VOCABULAIRE

Would you come this way, please?	*Par ici, s'il vous plaît.*
spicy	*épicé(e)*
chicken	*poulet*
mild	*(ici) peu épicé(e)*
hot	*(ici) épicé(e)*
lamb	*agneau*
to share	*partager*
starter	*entrée (premier plat)*
rice	*riz*
naan bread	*pain plat indien*
mineral water	*eau minérale*
lovely	*(ici) excellent*
I'm full!	*Je n'ai plus faim !*

Grammaire

1) Le futur avec will

Il n'existe pas de temps futur en anglais – en tout cas pas comme en français. Mais on peut la plupart du temps traduire le futur français en utilisant l'auxiliaire **will**. Comme **can** et **must**, **will** se place devant le verbe sans **to** et il est invariable.

On l'emploie de la même manière que tous les auxiliaires invariables que vous connaissez déjà pour poser des questions et faire des phrases négatives.

Dans la conversation de tous les jours, vous entendrez surtout les formes contractées **'ll** dans les phrases affirmatives et **won't** dans les phrases négatives :

He **will** come.	→ He**'ll** come.
He **will** not come.	→ He **won't** come.

Voici un tableau récapitulatif :

+ Forme affirmative
I'**ll** go tomorrow.
He'**ll** go tomorrow.

- Forme négative
I **won't** go tomorrow.
He **won't** go tomorrow.

? Forme interrogative
Shall we go tomorrow?
Will he go tomorrow?

Réponses brèves
Yes, I **will.**
Yes, he **will**.
• On n'emploie pas de forme contractée dans les deux cas ci-dessus.
No, I **won't**.
No, he **won't**.

• **Formes contractées** : **'ll** correspond à **will** et **won't** à **will not**.

Remarque : à la forme interrogative, avec **I** ou **we** uniquement, on remplace souvent **will** par **shall** pour formuler une suggestion ou une offre.

2) La comparaison et le superlatif

Lorsqu'on veut comparer deux éléments entre eux ou dire que quelque chose est *le plus…*, on utilise des phrases comme celles proposées ci-contre. La première est une phrase comparative et la seconde une phrase superlative.

The climate is **hotter** in Athens **than** in Oslo.	*Le climat est* **plus chaud** *à Athènes* **qu'***à Oslo.*
Scotland has **the coldest** weather in Great Britain.	*L'Écosse a le climat* **le plus froid** *en Grande-Bretagne.*

On forme les phrases comparatives et superlatives en fonction de la longueur des adjectifs.

• Adjectifs courts

Tous les adjectifs d'une syllabe ainsi que les adjectifs de deux syllabes se terminant par **-y** sont considérés comme des adjectifs courts.

Le tableau **ci-dessous** présente la formation du comparatif et du superlatif.

Notez bien les modifications orthographiques de certains adjectifs : le **y** final devient **i** (comme dans **dry** et **ugly**) ; certains adjectifs courts doublent leur consonne finale (comme **big** et **hot**).

young → young**er** (**than**)...	**the** young**est**
jeune → plus jeune que...	*le plus jeune*
rich → rich**er** (**than**)...	**the** rich**est**
warm → warm**er** (**than**)...	**the** warm**est**
late → lat**er** (**than**)...	**the** lat**est**
dry → dr**ier** (**than**)...	**the** dr**iest**
ugly → ugl**ier** (**than**)...	**the** ugl**iest**
big → big**ger** (**than**)...	**the** big**gest**
hot → hot**ter** (**than**)...	**the** hot**test**

• Adjectifs longs

Les adjectifs de deux syllabes ou plus sont considérés comme des adjectifs longs.

Pour former le comparatif, on place **more** devant l'adjectif qu'on fait éventuellement suivre de **than**. Pour le superlatif, on emploie **the most** qui veut dire *le plus*.

intelligent → **more** intelligent (**than**)...	the **most** intelligent
expensive → **more** expensive (**than**)...	the **most** expensive

• Formes irrégulières

Certains adjectifs sont irréguliers. Vous trouverez ci-dessous les deux plus importants, *bon* et *mauvais*, qui sont également irréguliers en français.

good → **better** (**than**)...	the **best**
bad → **worse** (**than**)...	the **worst**

Prononciation

CD2 piste 7

Vous avez certainement remarqué la fréquence du son [**ng**] en anglais. On le trouve très souvent en fin de mot, précédé de la voyelle **i**, comme dans le cas de la terminaison **-ing**, mais il peut aussi apparaître en milieu de mot et accompagner des voyelles autres que le **i**.

Entraînez-vous à lire à voix haute ces deux séries de mots en essayant de bien distinguer les sons [**ng**] et [**n**] :

[**ng**] rang/bang • sing/thing • song/wrong • tongue/young

[**n**] fan/ran • then/men • win/tin • son/won • on/John

Exercices

1) Complétez les phrases avec **'ll**, **will** ou **won't** et un verbe choisi dans la liste ci-dessous :

help • **stay** • **tell** • **see** • **love**

- **a** ... you always ... me?
- **b** If it's sunny, we ... ... at home.
- **c** Ask Cynthia, she ... ... to do it.
- **d** It's a secret, you ... ... anybody, ... you?
- **e** OK then, I ... ... you at the pub at 7.30.

2) Donnez le comparatif et le superlatif des adjectifs suivants :

- **a** easy
- **b** bad
- **c** interesting
- **d** difficult
- **e** fat *(gros)*

3) Voici trois maisons en vente en Angleterre.

1) Castle Cary, Somerset, £540,000
19th century (*siècle*) house, 3 bedrooms, library, annexe, large garden

2) Badby, Northants, £260,000
17th century cottage, 4 bedrooms, small garden, near village

3) Stowmarket, Suffolk, £485,000
Spacious house, 1759, 6 bedrooms, swimming pool

Comparez les trois maisons en complétant les phrases avec un comparatif.

a The house in Castle Cary is ... than the house in Badby. (**expensive**)

b The Stowmarket house is ... than the house in Badby. (**big**)

c The house in Badby is ... than the house in Castle Cary. (**old**)

d The house in Castle Cary is ... than the house in Stowmarket. (**new**)

Complétez ces phrases avec un superlatif :

e Castle Cary is ... . (**comfortable**)

f Badby is ... . (**cheap**)

g Stowmarket is ... . (**good**)

À vous de jouer !

Voici un horoscope. Regardez la prévision qui correspond à votre signe. Consultez ensuite les prévisions pour les personnages du livre. Vous trouverez leur signe du zodiaque dans le texte qui suit le tableau.

	Sunday	Monday	Tuesday	Wednesday	Thursday	Friday	Saturday
ARIES							
TAURUS							
GEMINI							
CANCER							
LEO							
VIRGO							
LIBRA							
SCORPIO							
SAGITTARIUS							
CAPRICORN							
AQUARIUS							
PISCES							

love  health  bad luck 

money  luck  work 

The Frémonts and their friends are reading this horoscope. To see if the predictions are true, they decide to do things according to what the horoscope says. Here are their zodiac signs: Sandrine is Aries, Nicolas is Libra, Gus is Leo, Tammy is Taurus, Angela is Sagittarius and Brian is Aquarius.

Answer these questions in the future with **will**. Use the words in brackets to answer questions **a**, **b**, **c** and **f**.

a Sandrine isn't superstitious. What will she do on Wednesday? (**not + be careful**)
b Tammy wants to meet a boyfriend. Will she go out on Saturday? Why? (**not + meet anyone**)
c Gus wants to find a new job. What will he do on Tuesday? (**read the classified ads**)
d Nicolas is training to run the London marathon. On which day will he go running?
e Brian buys a lottery ticket every week. On which two days will he buy tickets next week?
f Angela doesn't want to catch a cold. What won't she do on Saturday? (**not + go swimming**)

classified ads	*petites annonces*
to catch a cold	*attraper un rhume*

Food in Britain

British food has had a bad reputation over the world for many years, so you may be pleasantly surprised when you come to Britain to find that people do eat well, although you may have to pay a little more to be sure of getting a good meal.

Some of the most expensive restaurants are famous for the quality of their food, and many chefs believe in using good local produce – especially seafood, game, lamb and beef – to create tempting meals. For those on a smaller budget, there are lots of small restaurants, cafés, coffee bars and fast food restaurants where you can have anything from a full meal to simply coffee and cake.

The British enjoy all sorts of ethnic food and in most towns you will find a variety of Chinese, Indian and Thai restaurants. Most of these restaurants offer takeaway food. Indian food is by far the favourite ethnic cuisine and curry is almost considered a national dish in Britain.

Although Britain is famous for its large cooked breakfasts of bacon and eggs, people only eat these as an occasional weekend treat or when they are staying in hotels. Most people start the day with cereals, toast or fresh fruit, with tea or coffee, then at lunch tend to have a snack, such as soup or a sandwich.

VOCABULAIRE

meal	*repas*
local produce	*produits locaux*
seafood	*fruits de mer (et poissons)*
game	*gibier*
beef	*bœuf*
tempting	*(ici) appétissant*
full meal	*repas complet*
to enjoy	*apprécier, aimer*
ethnic food	*plats exotiques, cuisine du monde*
takeaway food	*plats à emporter*
dish	*plat*
treat	*(ici) petit plaisir*
snack	*en-cas*

Mini-test

CD2 piste 7

Vous appelez le **Fat Duck** pour réserver une table. Complétez le dialogue en suivant les instructions données. Reprenez le dialogue 2 si nécessaire.

Restaurant	The Fat Duck, good evening.
You	*(Vous saluez et dites que vous aimeriez réserver une table pour quatre pour samedi soir.)*
Restaurant	Saturday the thirteenth? What time would you like?
You	*(Vous répondez vers vingt heures trente.)*
Restaurant	I'm sorry, that's a little difficult... Can you come at eight?
You	*(Vous êtes désolé(e), mais non, c'est trop tôt, alors vous demandez si vingt-et-une heures serait possible.)*
Restaurant	Yes, that's fine. Can I have your name please?

You	*(Vous donnez votre nom et vous l'épelez.)*
Restaurant	Thank you, your table is booked for the thirteenth then.
You	*(Vous remerciez et dites au revoir.)*

17

I feel like a holiday

J'ai envie de vacances

Dans ce chapitre vous apprendrez à :

- réserver une chambre
- dire « combien » et « beaucoup de »
- vous renseigner sur les horaires de trains

Avant de commencer...

Les vacances d'été approchent. C'est le moment pour Nicolas, Sandrine et leurs amis d'organiser un voyage. Ils ont choisi de visiter la région des lacs, **the Lake District**, réputée pour la beauté de ses paysages. Il doivent réserver des chambres d'hôtes et se renseigner sur les horaires des trains. Vous apprendrez donc à faire ces démarches. Il sera aussi question de prix et de quantités.

Activité

CD2 piste 8

Poser des questions en anglais est souvent problématique pour un francophone. Avant de commencer cette activité, vous aurez peut-être besoin de réviser les structures adéquates aux chapitres 13 et 14. Vous compléterez ensuite le dialogue ci-dessous en posant des questions. Quelques indices sont donnés entre parenthèses. Faites bien attention au temps, à l'ordre des mots et au choix du mot interrogatif.

Tammy is phoning her friend, Alice, who went to Ireland for a holiday last week and came back yesterday. Here is what Alice says about her holiday.

Tammy	Hello, Alice, it's Tammy. Did you have a good time in Ireland?
Alice	Oh, hello, Tammy, nice to hear from you. Yes, it was fun.
Tammy	...? (**weather**)
Alice	Well, it wasn't too bad. It only rained for two days.
Tammy	...? (**your boyfriend + go with you**)
Alice	No, he didn't. He was too busy so I went with Sally.
Tammy	...? (**go**)
Alice	Just to Dublin.
Tammy	...? (**stay there**)
Alice	Because there's so much to do in Dublin.
Tammy	...? (**see**)
Alice	Oh, everything – museums, monuments, churches...
Tammy	...? (**buy anything**)
Alice	Yes, lots of things! We spent two days shopping! I bought an Aran jumper, shoes...
Tammy	Why don't you come round and show me?
Alice	Ok, I'll be there in ten minutes! Then I can tell you everything...

Dialogue 1

CD2 piste 8

Nicolas, Sandrine and their friends are planning a holiday in the Lake District. It's Angela's job to phone the bed and breakfast and book rooms for everybody.

Reception	Hello, Windermere 45698, Rose Garden Guest House.
Angela	Hello, yes, I'd like to book some rooms for a week in August.
Reception	Which week is that?
Angela	From the eighth to the fifteenth.
Reception	And how many rooms do you need?
Angela	Four, two double and two single rooms.
Reception	Let me see, yes I've got four rooms but one single room is not en suite. Is that a problem?
Angela	No, I think that will be all right. How much are the rooms, please?
Reception	The double rooms are £55 a night, the single en suite is £31 and the other single is £24.50. That's with breakfast included, of course.
Angela	That's fine. Can we pay by card?
Reception	Yes, of course. Could you send me a deposit of £50 to confirm your booking?
Angela	Yes, I'll send it today...

VOCABULAIRE

room	*chambre*
double	*pour deux personnes*
single	*pour une personne*
en suite	*avec salle de bains, WC*
included	*inclus(e)*
deposit	*acompte*
booking	*réservation*
to send	*envoyer*

Dialogue 2

CD2 piste 8

Tammy went to the station to inquire about train times to Windermere.

Clerk	Hello, can I help you?
Tammy	Hello, yes, I'd like to go to Windermere on the eighth of August.

Clerk	What time do you want to leave?
Tammy	What time does the first train leave?
Clerk	The first train is at 6.01.
Tammy	Oh no, that's too early! Is there one after eight o'clock?
Clerk	Yes, at 8.24. There are two trains every hour, the next one is at 9.02.
Tammy	Oh good. How long does it take?
Clerk	Well, it depends on the train, but between three and three and a half hours. The 8.24 train arrives at 11.25. Here's the timetable.
Tammy	Thank you. And how much does it cost?
Clerk	Just a moment, please... It's £19 single and £35.40 return if you buy in advance.
Tammy	Is the train direct?
Clerk	No, you change twice on most journeys.
Tammy	Well, thank you very much. Goodbye.
Clerk	Goodbye.

VOCABULAIRE

to leave	*partir*
every hour	*toutes les heures*
the next one	*le(la) prochain(e)*
How long...?	*Combien de temps… ?*
timetable	*horaire*
single	*aller simple*
return	*aller-retour*
twice	*deux fois*
journey	*trajet, voyage*

Grammaire

1) Many, much *ou* a lot of

Il y a trois façons de dire *beaucoup* en anglais, **many**, **much** et **a lot of** (ou **lots of**). Pour dire *beaucoup* dans une phrase affirmative, on préfère l'expression **a lot of** (ou **lots of**). Dans une phrase négative ou une question, il faut choisir entre **many** et **much**. Pour simplifier on peut dire que **many** s'emploie devant un nom pluriel et **much** devant un nom singulier, mais cela mérite une explication supplémentaire, que vous trouverez dans le paragraphe suivant.

There were **a lot/lots of** people at the sales. — *Il y avait beaucoup de monde aux soldes.*

There aren't **many** tourists in Siberia.	*Il n'y a pas beaucoup de touristes en Sibérie.*
Do you have **much** work?	*Est-ce que vous avez beaucoup de travail?*

2) Les noms dénombrables et indénombrables

On distingue deux sortes de noms en anglais, les dénombrables et les indénombrables. Cette distinction est essentielle pour savoir dire *combien de*, *beaucoup de*, *tant de* ou *trop de* en anglais, car on emploie **many** devant un nom dénombrable et **much** devant un indénombrable.

Les noms dénombrables désignent des éléments séparés que l'on peut compter. En revanche, les indénombrables désignent par exemple – des qualités, des matières ou des substances, qui sont considérées indivisibles et ne se comptent pas. Les indénombrables n'ont donc pas de pluriel. Observez les exemples suivants :

Noms dénombrables : **table**, **car**, **book**, **sister**, **party**, **bus**, **banana**...
Noms indénombrables : **money**, **milk**, **hope**, **music**, **weather**, **information**, **bread**, **fog**...

How much money has she got?	*Combien d'argent a-t-elle ?*
Too much, but she does**n't** have **many** friends.	*Trop, mais elle n'a pas beaucoup d'amis.*
I have **so many** things to do, but **not much** time.	*J'ai tant de choses à faire, mais pas beaucoup de temps.*

Certains noms sont indénombrables en anglais et dénombrables en français. Voici les plus courants :

fruit	*des fruits*	*un fruit*	**a piece of fruit**
bread	*du pain*	*un pain*	**a loaf of bread**
information	*des informations*	*une information*	**a piece of information**
furniture	*des meubles*	*un meuble*	**a piece of furniture**
sugar	*du sucre*	*un sucre*	**a lump of sugar**
advice	*des conseils*	*un conseil*	**a piece of advice**
luggage	*des bagages*	*un bagage*	**a piece of luggage**
hair	*les cheveux*		

Prononciation

CD2 piste 8

Les **tongue twisters** sont des phrases difficiles à prononcer, littéralement « qui tordent la langue ». C'est un bon entraînement pour prononcer les consonnes. Essayez de prononcer les phrases suivantes :

Peter Piper picked a peck of pickled peppers.
Peter Piper a pris un picotin de poivrons au vinaigre.

Betty had better butter Brad's bread.
Betty ferait bien de beurrer le pain de Brad.

She sells sea shells by the sea shore.
Elle vend des coquillages au bord de la mer.

Which wristwatches are Swiss wristwatches?
Quelles montres-bracelets sont des montres-bracelets suisses ?

Timothy Smith is a thief.
Timothy Smith est un voleur.

Exercices

1) Faites des phrases avec les éléments suivants en suivant l'exemple donné. Vous utiliserez **how much/how many** (*combien*) pour les questions et **too much/too many** (*trop*) ou bien **not many/not much** (*pas beaucoup*) pour les réponses.

ex.: **a** pas beaucoup de livres
How many books are they taking? They're not taking many books.

b trop de pain

c pas beaucoup de pulls

d pas beaucoup d'argent

e trop de chaussures

f trop de bagages

2) Un seul nom dans ces phrases peut se mettre au pluriel. Lequel ?

- **a** Thank you for your advice.
- **b** I must wash my hair.
- **c** They got the information from Peter.
- **d** Put the luggage here!
- **e** John's going to Wales with his friend.

3) Comment dit-on en anglais : un conseil, une information, un bagage, un pain, un fruit ?

À vous de jouer !

This is the bed and breakfast Angela phoned:

Situated near the picturesque village of Windermere, within a short walk of the lake, our house is an ideal base for exploring the Lake District with its historic houses, visitor attractions and magnificent scenery. Various pursuits are available, including bowling, boating, cycling and walking. Easy access to a wide variety of restaurants, pubs and shops.

Rose Garden Guest House,
Lake Street,
Windermere, Cumbria,
LA28 7FZ
Tel: 01863 45698

All rooms offer tea/coffee-making facilities. TV in en suite rooms. Full English breakfast included. Private parking and large garden. Bicycles for hire and direct access to tennis courts. Pets welcome.

Prices from: £24.50 per person/night

VOCABULAIRE

scenery	*paysage*
pursuit	*(ici) activité*
available	*(ici) possible*
wide	*large ; (ici) grand*
facilities	*équipements*
full	*(ici) complet*
to hire	*louer*
welcome	*bienvenu(e)*

Dites si ces phrases sont vraies ou fausses et justifiez votre réponse.

1 Windermere is an ugly village in Wales.
2 The guest house is in the village.
3 The Lake District is a very beautiful region.
4 Visitors must take the bus to the lake.
5 There are cultural visits and sports activities for tourists.
6 Shops and restaurants are not very far from the house.
7 There are televisions in all the rooms.
8 Visitors will find all they need to make tea and coffee in the rooms.
9 Visitors can walk directly to the tennis courts from the house.
10 Dogs are not accepted.

Where to stay in Britain

There is a large variety of places to stay in Britain ranging from very expensive country hotels to small bed and breakfasts, or "guest houses" as they are sometimes called.

Hotels belonging to a chain are really the same the world over, but there are many other options available. Large country hotels usually offer a variety of outdoor activities such as golfing and often have a pool, fitness centre or spa. Smaller hotels, especially those in cities, will not of course have the same choice of activities, but rooms are nearly all en suite, and you will always find a kettle with tea and coffee so you can make yourself a hot drink in your room.

Breakfasts in British hotels usually offer fruit juice, cereal, croissants and so on, together with a cooked breakfast: the famous bacon and eggs, with perhaps mushrooms, sausages, grilled tomatoes, baked beans, hash browns and toast – you will not be hungry for the rest of the day!

Bed and breakfasts (usually called B&Bs) are usually reasonably priced. Some offer simple accommodation but others are very stylish and can often be nearly as expensive as a hotel. Some still have shared bathrooms, but many B&Bs now offer ensuite bathrooms in every room. You will probably eat breakfast in the family kitchen or dining room and breakfasts are often home-cooked and filling.

VOCABULAIRE

to stay	*(ici) loger*
country hotel	*hôtel de caractère à la campagne, souvent aménagé dans un château ou un manoir*
bed and breakfast, **guest house**	*chambre d'hôte*
outdoor	*de plein air*
pool	*piscine*
kettle	*bouilloire*
mushroom	*champignon*
sausage	*saucisse*
baked beans	*haricots blancs à la sauce tomate*
hash browns	*pommes de terre rapées et sautées*
stylish	*chic*

Mini-test

CD2 piste 8

Complétez les phrases suivantes avec **much**, **many** ou **a lot of**.

a There are too ... cakes, I can't choose!
b Don't eat so ... chocolate!
c How ... time have we got?
d He invited ... friends to his party.
e ... men play football but not ... women.

18

On the road

Sur la route

Dans ce chapitre vous apprendrez à :

- téléphoner et laisser un message
- lire les panneaux routiers
- faire une visite chez le médecin
- conduire en Grande-Bretagne

Avant de commencer...

En suivant les Frémont le temps d'un week-end, vous découvrirez des informations très pratiques pour téléphoner, conduire au Royaume-Uni et même aller chez le médecin. En effet, Sandrine et Nicolas ont décidé de visiter Oxford et sa région avec Angela. Pour cela, Sandrine téléphone à une agence pour louer une voiture. Bien sûr ils devront faire attention sur la route, un accident est si vite arrivé...

Activité

Voici une grille de mots croisés (**crossword**) à compléter.

ACROSS (*horizontal*)

2 Red or blue? I don't know which to ... .
5 This is very easy, I will ... finish it!
7 This glass is broken! You must ... it ... to the shop.
10 It's 10:55; it's ... 11:00.

DOWN (*vertical*)

1 Something to read or something to do before going to a hotel.
3 The opposite of cold or can describe a curry.
4 With a bathroom.
5 Beautiful mountains or lakes, for example.
6 All right.
8 For drinking or washing.
9 If you don't want to buy a boat, you can do this.

Dialogue 1

CD2 piste 9

Sandrine is trying to phone Jane Sutherland who works for Jiffy car rentals. First she phones her at home, then at work, but it isn't easy.

First call

Answerphone	Hello, 0121 564 6532. I'm sorry I can't take your call at the moment. Please leave a message and I'll get back to you as soon as possible.
Sandrine	Hello, Jane, it's Sandrine Frémont here. I wanted to ask you about renting a car. But don't worry, I'll phone you at work, bye.

Second call

Woman	0121 564 6533.
Sandrine	Hello, is that Jane?
Woman	No, sorry there's no Jane here. I think you've got the wrong number.
Sandrine	Oh, sorry, goodbye.

Third call

Receptionist	Jiffy car rental, good morning. Can I help you?
Sandrine	Can I speak to Jane Sutherland, please?
Receptionist	That's extension 451, one moment, please... It's engaged, will you hold the line?
Sandrine	Yes...
Receptionist	Sorry, it's still engaged.
Sandrine	All right, thank you, I'll call back later.

VOCABULAIRE

car rental	*location de voitures*
I can't take your call.	*Je ne peux pas vous répondre.*
I'll get back to you.	*Je vous rappellerai.*
to rent	*louer*
You've got the wrong number.	*Vous vous trompez de numéro.*
extension	*poste*
engaged	*occupé(e)*
to hold the line	*garder la ligne, ne pas quitter*
I'll call back.	*Je rappellerai.*

Dialogue 2

CD2 piste 9

On Saturday morning Nicolas, Sandrine and Angela went to Oxford. Nicolas didn't find it very easy driving on the left. It was difficult at first and he nearly went the wrong way round the roundabout! That made Angela and Sandrine very nervous.

Angela	Careful, Nicolas, you mustn't overtake here!
Nicolas	Oh, I didn't see the sign, you're right, it's forbidden.

Ten minutes later...

Sandrine	Look, there's a sign for a roundabout, now be careful this time!
Nicolas	All right, all right.

And then, soon after that...

Angela	May I make a suggestion...?
Sandrine	Don't turn right there, Nicolas, only cyclists are allowed on that road!
Nicolas	Please stop it, you two!

VOCABULAIRE

to manage	*réussir à, arriver à*
roundabout	*rond-point*
nervous	*nerveux(se)*
wrong way	*mauvais sens*
careful	*prudent(e)*
to overtake	*doubler*
sign	*panneau routier*
forbidden	*interdit(e)*
to allow	*permettre*

Dialogue 3

CD2 piste 9

Nicolas was in fact very careful on the road and they didn't have an accident. But in the town centre they saw an old lady fall off her bicycle. Nicolas, Sandrine and Angela took her to the doctor.

Doctor	Good afternoon, now what seems to be the matter?
Old lady	Hello, Doctor, I fell off my bike and hurt my left foot.
Doctor	Let me examine you...
Old lady	Ouch, that hurts

Doctor Hm... well, it's probably just sprained. I don't think it's broken, but you must have an X-ray. I'll bandage it... There, now here's your prescription: tablets for the pain and an anti-inflammatory cream.

VOCABULAIRE

to fall	*tomber*
to take	*amener*
What's the matter?	*Qu'est-ce qui ne va pas ?*
to hurt	*(se) faire mal, (se) blesser*
foot, pl: feet	*pied*
Ouch!	*Aïe !*
to sprain	*se faire une entorse*
broken	*cassé*
to bandage	*bander*
prescription	*ordonnance*
tablet	*cachet*
pain	*douleur*
anti-inflammatory cream	*crème anti-inflammatoire*

Grammaire

Ordres et permission

Vous vous rappelez sans doute que l'auxiliaire **must** peut servir à donner des ordres. Sa forme négative **mustn't** sert à formuler une interdiction.

Pour exprimer l'autorisation, on utilise l'auxiliaire **may**. Si l'on ajoute la négation **not** à l'auxiliaire **may**, on peut refuser une permission, ou interdire quelque chose d'une façon moins catégorique qu'avec **must**. L'auxiliaire **may** suit les mêmes règles que **can**, **must** et **would**. Pour réviser les règles qui s'appliquent aux auxiliaires, vous pouvez vous reporter au chapitre 7, page **59**.

Les auxiliaires sont fréquents dans un registre oral ou familier. Mais sur les panneaux ou dans un règlement, on trouve d'autres structures, plus formelles, pour exprimer la permission et l'interdiction. Observez les exemples suivants :

to forbid, *interdire*
Smoking is **forbidden** on buses.
= You **mustn't** smoke on buses.
to allow, *permettre, autoriser*
Only adults are **allowed** to buy alcohol.
= Only adults **may** buy alcohol.

Prononciation

CD2 piste 9

Les onomatopées sont des mots qui imitent des sons. Il est toujours étonnant et amusant d'apprendre ces sons dans une langue étrangère. En effet, les onomatopées diffèrent énormément d'une langue à l'autre. Même les sons comme *aïe*, qui nous semblent naturels, ne sont pas universels.

Voici une liste d'onomatopées à lire. Si vous disposez du CD, écoutez les sons suivants et répétez-les à voix haute en prenant soin de bien articuler. Vous pouvez aussi vous faire aider par quelqu'un qui parle anglais.

1 Ouch!
2 Bang!
3 Oink, oink!
4 Atishoo!
5 Cock-a-doodle-doo!
6 Moo!
7 Quack, quack!
8 Squeak!
9 Ding, dong!
10 Honk, honk!

Associez à présent les onomatopées avec le bruit ou le cri correspondant.

a a cry of pain (*un cri de douleur*)
b a cow (*une vache*)
c a car horn (*un klaxon de voiture*)
d a sneeze (*un éternuement*)
e a cockerel (*un coq*)
f bells (*des cloches*)
g an old door (*une vieille porte*)
h a pig (*un cochon*)
i a gun (*un fusil*)
j a duck (*un canard*)

Exercices

1) Voici des panneaux. Trouvez ce qu'il veulent dire et faites des phrases avec **to forbid**, **mustn't**, **to allow** et **may**.

a

b

c

d

e

f

2) Observez ces dessins qui présentent les parties du corps (**body**).

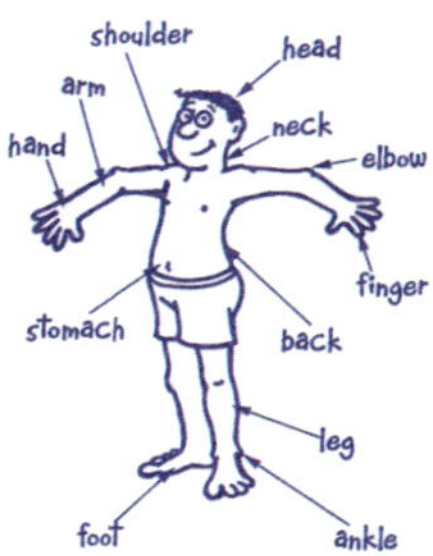

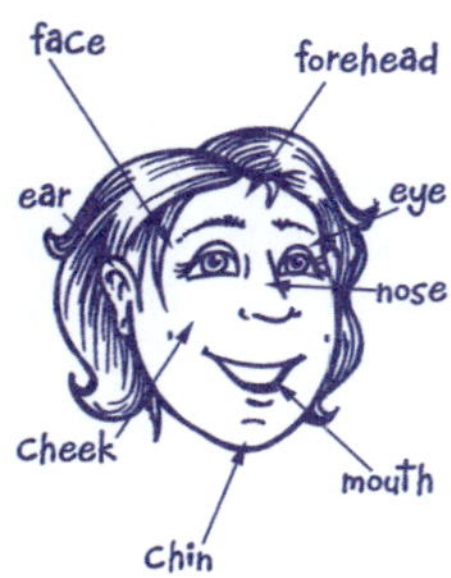

Complétez ces phrases avec un mot de vocabulaire choisi sur les illustrations. Il est parfois nécessaire de mettre les mots au pluriel.

- **a** He put his hat on his ... .
- **b** The two men are shaking ... .
- **c** The French kiss their friends on their ... .
- **d** Don't eat so much chocolate, you'll get ... ache.
- **e** You must never look at the sun for a long time or it will hurt your ... .
- **f** I don't want the others to hear, so I'll just say it in your ... .
- **g** She's holding the baby in her ... .
- **h** "Your ... is very red." "Yes, I've got a cold."

shake	*(ici) se serrer*
ache	*mal (au ventre, à la tête, etc.)*
cold	*rhume*

Driving in Britain

It can be very disconcerting for a French person to drive on the left at first. One good point is that in Britain drivers are often careful and courteous; for example they generally stop at pedestrian crossings before the person starts to cross. The traffic lights are not quite the same: they change from green to amber then to red, as in France, but also from red to amber and back to green. You need to be careful with the road signs, too. They are not the same as in France and so you can lose your way quite easily. In France the sign will indicate the town but will not always give the road number. In Britain the road network is complicated, so it is usually best to follow the road numbers and look for the towns too. Parking is always a problem in big towns. There are car parks in towns and at tourist attractions, but they are often expensive. Some big towns have a "Park & Ride" system. This means that you can park your car in a car park outside the town and use the frequent bus or train service to the town centre. There is too much traffic on the roads in Britain, so traffic jams are frequent. In order to reduce traffic congestion in London, the city has introduced the "London congestion charge", a fee paid by drivers to enter the centre of the city. Naturally it's easier to use public transport... or to cycle!

VOCABULAIRE

disconcerting	*déconcertant(e)*
careful	*prudent(e)*
courteous	*courtois(e)*
pedestrian crossing	*passage piétons*
quite	*tout à fait*
amber	*orange*
easily	*facilement*
network	*réseau*
complicated	*compliqué(e)*
town	*ville*
traffic	*circulation*
traffic jam	*embouteillage*
congestion	*engorgement*
fee	*(ici) péage*

Mini-test

CD2 piste 9

Voici quelques questions sur les expressions utilisées pour téléphoner. Choisissez la bonne réponse pour chaque question.

1) Why couldn't Sandrine speak to Jane in the first call?
   - a Because Jane was on holiday.
   - b Because Jane didn't want to speak to her.
   - c Because Jane couldn't take her call.

2) Which number is the extension number?
   - a Jane's mobile phone number.
   - b Jane's internal office phone number.
   - c Jane's security code.

3) What does "hold the line, please" mean?
   - a Ne quittez pas, s'il vous plaît.
   - b Raccrochez, s'il vous plaît.
   - c Prenez la ligne, s'il vous plaît.

4) Who is the woman in the second call?
   - a Jane's mother.
   - b Jane's colleague.
   - c Nobody Sandrine knows.

5) What does "I'll get back to you" mean?
   - a You will phone the person back later.
   - b You will come back later.
   - c You will see the person later.

19

Take care of yourselves!

Prenez soin de vous !

Dans ce chapitre vous apprendrez à :

- écrire une carte postale
- donner un conseil
- dire que vous êtes d'accord ou non
- parler de forme physique

Avant de commencer...

Gus est retourné aux États-Unis pendant l'été pour voir sa famille. Il en a profité pour se remettre en forme en s'inscrivant dans une salle de sport. Il a demandé conseil à Janice, le professeur de gym. Dans ce chapitre, vous apprendrez à parler d'intentions et à faire des suggestions.

Activité

Voici la carte postale que Gus a envoyée aux Frémont depuis San Francisco. Complétez les mots manquants à l'aide de la liste de vocabulaire si nécessaire.

Monday, June 27.

Hi there!
I got here late on Saturday, after eight hours on the plane! As you can imagine, I was really (1) * Never mind, it's great to (2) * my family again. I'm seeing lots of my old (3) * too and we're having a great time together! The (4) * was terrible yesterday but the sun is shining again (5) * . That's lucky because I'm going to see the American Surfing Championship in Huntington Beach tomorrow. Isn't that awesome! What a pity you can't be here and enjoy yourselves just like me! I'm going to lots of sports and come back really fit. Just you wait and see! Take care of yourselves too.
See you (6) * .
Gus.

Sandrine & Nicolas Frémont
35 Rosemount Avenue,
Birmingham B14 Es6,
Great Britain

VOCABULAIRE

to get	*(ici) arriver*
plane	*avion*
as	*comme*
too	*aussi*
together	*ensemble*
terrible	*épouvantable*
to shine	*briller*
That's lucky!	*C'est une chance !*
What a pity!	*Quel dommage !*
fit	*en forme*
to take care of	*prendre soin de*

Dialogue

CD2 piste 10

Gus said in his postcard that he wanted to come back fit. When he was in San Francisco he went to the gym for some advice. In this conversation he is talking with Janice, the gym instructor.

Gus	I want to lose some weight and get really fit, where do I start?
Janice	Well, it's simple, you should watch your diet and do some sport. This is where we can help you. First of all, what do you have for breakfast?
Gus	Oh, I'm always late, so I just have coffee and run for the bus!
Janice	Oh, dear, a good breakfast is really important, you know. Why don't you start with orange juice and cereals, at least?
Gus	OK, I'll try. And I shouldn't eat too many hamburgers, I suppose...
Janice	I certainly agree with that! And you should enjoy your meals slowly.
Gus	What about exercise?
Janice	Why don't you come and work out while you're here? Then there's jogging, what about trying thirty minutes three times a week? After that, you should always remember to take the stairs not the elevator and walk everywhere. Also after your holiday, when you go back to work, instead of taking the bus, why not cycle?
Gus	Well, thank you Janice! If I follow all your advice, I really should get super fit!

VOCABULAIRE

to lose weight	*perdre du poids*
to get fit	*retrouver la forme*
diet	*régime*
first of all	*tout d'abord*
to agree	*être d'accord*
slowly	*lentement*
to work out	*faire de l'exercice*
stairs	*escalier*
elevator (US)	*ascenseur*
instead of	*au lieu de*
advice (sg)	*conseils (pl)*

Grammaire

1) To be going to

Comme en français avec *aller*, il est possible en anglais de parler du futur en utilisant le verbe **to go**. Il faut simplement retenir que la forme à utiliser est le présent avec **be + -ing**, qu'on fait suivre d'un verbe à l'infinitif avec **to**.

He**'s going to get** fit this summer. They**'re going to go** to the restaurant next week.

Si l'auxiliaire **will** est utilisé pour prédire l'avenir de façon neutre (voir le chapitre 16, page **151**), on emploie plutôt **to be going to** dans les deux cas suivants :

- Pour parler de décisions prises ou d'intentions

What **are** you **going to** do if it rains?	*Qu'est-ce que tu vas faire s'il pleut ?*
I**'m going to** tidy my bedroom.	*Je vais ranger ma chambre.*
They**'re going to** buy a dishwasher on Saturday.	*Ils vont acheter un lave-vaisselle samedi.*

- Pour exprimer une prédiction fondée sur la perception personnelle d'une situation présente

Look at that blue sky! It**'s going to** be hot.	*Regarde ce ciel bleu ! Il va faire chaud.*
You're driving too fast, you**'re going to** have an accident.	*Tu conduis trop vite, tu vas avoir un accident.*

2) Les pronoms réfléchis

Les pronoms qui renvoient à la même personne que le sujet du verbe sont appelés pronoms réfléchis. En anglais ces pronoms se terminent par **-self** au singulier et **-selves** au pluriel.

Singulier	Pluriel
myself (*moi-même*)	**ourselves** (*nous-mêmes*)
yourself (*toi-même*)	**yourselves** (*vous-mêmes*)
himself (*lui-même*)	**themselves** (*eux-mêmes* ou *elles-même*)
herself (*elle-même*)	
itself (*lui-même* ou *elle-même*)	

Il existe également le pronom réfléchi indéfini **oneself** qui est l'équivalent de *soi-même*. C'est le terme que vous trouverez dans le dictionnaire avec les verbes pronominaux à l'infinitif, comme **to enjoy oneself** par exemple.

Gus enjoyed **himself** in San Francisco.	*Gus s'est bien amusé à San Francisco.*
That old lady often talks to **herself**.	*Cette vieille dame parle souvent toute seule.*
Are you taking care of **yourselves**?	*Est-ce que vous prenez soin de vous?*
They seem pleased with **themselves**.	*Ils semblent contents d'eux.*
I looked at **myself** in the mirror.	*Je me suis regardé(e) dans la glace.*

Cependant de nombreux verbes pronominaux français se traduisent par un verbe sans pronom réfléchi en anglais.

He's washing.	*Il se lave.*
We're getting dressed.	*Nous nous habillons.*
She got up at eight.	*Elle s'est levée à huit heures.*
I sat down.	*Je me suis assis(e).*

3) Faire des suggestions

On peut faire des suggestions ou donner des conseils de différentes manières.

- **What about** + un nom ou un verbe en **-ing** (voir chapitre 7, page 60)

What about a coffee?	*Que diriez-vous d'un café ?*
What about going to the cinema?	*Et si on allait au cinéma ?*

- **Why not +** verbe sans **to**

Why not phone the police?	*Pourquoi ne pas téléphoner à la police ?*

- **Why** + question négative

Why don't we watch television?	*Et si on regardait la télévision ?*

Mais on peut également utiliser l'auxiliaire **should** pour donner des conseils ou faire des suggestions. Comme tous les auxiliaires, **should** est invariable, et le verbe qui le suit n'est jamais précédé de **to**. Pour faire une phrase négative il suffit d'ajouter **not** ou sa forme contractée **-n't**. Dans les phrases interrogatives, on inverse **should** et le sujet. On traduit souvent **should** par le verbe *devoir* au conditionnel en français.

What **should** I do to keep fit?	*Qu'est-ce que je devrais faire pour garder la forme ?*
You **should** have a good breakfast.	*Vous devriez prendre un bon petit déjeuner.*
You **shouldn't** eat too quickly.	*Vous ne devriez pas manger trop vite.*
Should I cycle to work?	*Est-ce que je devrais aller au travail en vélo ?*

4) To agree

To agree, qui ressemble fort au verbe français *agréer*, correspond plus précisément à l'expression française *être d'accord*. Voici des exemples de ce verbe à la forme affirmative, négative et interrogative :

I **agree** with you, we should eat more fruit.	*Je suis d'accord avec vous, on devrait manger plus de fruits.*
He thinks their car is too old but she **doesn't agree.**	*Il trouve que leur voiture est trop vieille, mais elle n'est pas d'accord.*
Did they **agree** with our decision?	*Est-ce qu'ils étaient d'accord avec notre décision ?*

Prononciation

CD2 piste 10

Il est important de lier les mots entre eux dans une phrase pour éviter une lecture ou une expression hachée et avoir un débit fluide. Une erreur assez fréquente des francophones qui apprennent l'anglais est d'aspirer les voyelles en début de mot. Cela arrive lorsqu'on ne fait pas la liaison avec le mot précédent. Marquez les liaisons devant les voyelles comme dans l'exemple, puis lisez les phrases à voix haute.

ex. : *John_and_Amy_ are sitting _at_a table_ in_a café.*

England is an interesting country.
The weather is often awful!
The English eat eggs and drink orange juice.
The hotel was expensive but the service was excellent.
His old uncle didn't understand anything.
We'll ask our friends to help us this afternoon.

Exercices

1) Voici l'agenda (**diary**) d'Angela pour la semaine prochaine. Écrivez ce qu'elle va faire et à quelle heure. Vous pouvez réviser la manière de dire les heures page **35**.

ex. : *On Sunday 5th, she's going to watch* 'Titanic' *on TV at a quarter to ten.*

2) Que va-t-il se passer ?

Faites des phrases avec **be going to** et avec les verbes suivants : **fall into • miss • win • rain • eat**

1) Look at those clouds!

2) Be careful, look where you're going!

3) These cakes look. delicious

4) Oh dear, the bus is at 7.30!

5) Fantastic, that's Claire, my daughter, she's first!

3) Ces personnes ont expliqué leurs problèmes sur un site Internet. Pouvez-vous leur donner des conseils ? Choisissez deux solutions pour chaque problème.

1) I'm so depressed, my boyfriend is spending more and more time with his friends. Now I'm often alone at the weekend. I just don't know what to do.

Judith

depressed *déprimé(e)*

a You should speak to him about the problem.
b Why does he always go out with his friends?
c Why don't you go out more with your girlfriends?
d He can't stay at home at weekends.

2) Our neighbours are really noisy. They talk loudly, their television is loud, their children shout all the time. I'm going crazy!

Kevin

a What television programmes do they like?
b They will soon leave town.
c Why not invite them round for a meal and discuss the problem?
d You really shouldn't be so intolerant.

shout *crier*
crazy *fou(folle)*
leave *quitter*

3) My son is fifteen and hates school. He doesn't do his homework and watches television every evening. He sings all the time and says he wants to be a pop star. I'm so afraid for his future.

Frank

- **a** Why does he like singing?
- **b** You should stop him watching television every evening.
- **c** What about paying for singing lessons in exchange for some homework?
- **d** Does he have any talent?

4) Êtes-vous d'accord avec ces affirmations ? Donnez votre avis !

1. Science fiction is more interesting than romantic fiction.
2. Going out with friends is more fun than watching television.
3. Languages are more useful than maths.
4. Cycling is easier than swimming.
5. Women are better drivers than men.
6. t's more expensive to live in London than in Paris.

A vous de jouer !

The Tone Zone Fitness Suite

This leisure centre also has a fitness centre called the Tone Zone, where you can tone up your body. These are the facilities they offer: cardiovascular equipment, resistance equipment with weights, sunbeds, saunas, beauty treatments and a sports clinic. They offer a vast range of top equipment. Various payment methods are available. Courses are available at a discounted price.

VOCABULAIRE

to tone up	*tonifier*
body	*corps*
weights	*poids*
range	*gamme*
top	*haut de gamme*
course	*série de cours*
discounted price	*prix réduit*

True (*vrai*) or false (*faux*)?

- **a** In the Tone Zone there are saunas and steam rooms.
- **b** You can work out with weights and then have a beauty treatment.
- **c** You can pay by credit card or cheque.
- **d** Courses are very expensive.

Keep-fit fanatics

In Britain, as in most European countries and the United States, obesity is a problem. Statistics show that people are getting more and more obese, and this is leading to increased health problems. At the same time people are increasingly concerned with their health and physical appearance. Many people, therefore, watch their diet and go to the gym. Most towns have well-equipped leisure centres where you can do numerous activities: swim, play squash, badminton or table tennis, take aerobics and fitness classes, and many more.

In Britain the Environmental Health Department gives advice about diet. It has these recommendations: eat more starchy foods, eat lots of fruit and vegetables, eat more fish, eat less fat, sugar and salt, be active and do more sport, drink lots of water and start the day with a good breakfast. These recommendations are influencing meals in schools and at work, health centres and supermarkets. For example, in British schools in the past, there were too many hamburgers and sausages on the menu. Then a celebrity chef, Jamie Oliver, started a campaign to ask the government for more money for school dinners, because he thought children needed more food cooked from fresh ingredients. Consequently the government is now giving more money to schools for meals and vending machines in schools will not be allowed to sell chocolates, crisps or fizzy drinks. So British schoolchildren should soon have a healthier diet.

VOCABULAIRE

to show	*montrer*
health	*santé*
starchy foods	*féculents*
less	*moins de*
fat	*gras(se) ; matières grasses*
sausage	*saucisse*
campaign	*campagne*
fresh	*frais (fraîche)*
vending machine	*distributeur*
crisps	*chips*
fizzy drink	*boisson gazeuse*
healthy	*sain*

Mini-test

CD2 piste 10

Complétez le dialogue suivant en traduisant les répliques de Jessica. Utilisez le pronom **we** pour traduire *on*.

Andrew	I ate in the canteen today. Sausages and chips, that's too much fat.
Jessica	*Je suis d'accord. Si je mange comme ça tout le temps, je vais être obèse.*
Andrew	Yes, and it's really bad for your health.
Jessica	*On devrait faire quelque chose.*
Andrew	Yes, we should, but what?
Jessica	*Et si on allait voir le cuisinier?*
Andrew	Yes, or we could speak to the manager (*directeur*).
Jessica	*Non, je ne suis pas d'accord.*
Andrew	Why not?
Jessica	*C'est mieux de parler au cuisinier nous-mêmes.*

20

We've done everything

Nous avons tout fait

Dans ce chapitre vous apprendrez à :

- faire le bilan d'activités passées
- effectuer des démarches à la poste et à la banque
- prévoir une traversée en ferry

Avant de commencer...

Après un an passé à Birmingham, le moment est venu pour Sandrine et Nicolas de rentrer en France. Avant de quitter définitivement leur appartement, ils doivent effectuer de nombreuses démarches comme fermer leur compte en banque, faire suivre leur courrier, voir le propriétaire, etc. Est-ce qu'ils ont tout fait ? Ils vérifient leur liste pour ne rien oublier avant de faire leurs valises et de passer une dernière soirée avec leurs amis.

Activité

CD2 piste 11

Choisissez dans la liste suivante les mots qui conviennent pour compléter le dialogue entre Gus, Nicolas et Sandrine :

exercise • gym • diet • weight • work • cycle • instructor

Gus really enjoyed his holiday in San Francisco. When he came back, Sandrine and Nicolas saw that he was really fit. How did he do it? Here, Gus is telling Sandrine and Nicolas about his diet and exercise plan.

Nicolas	You look very well, Gus.
Gus	Thanks I lost some ... (**a**) on holiday.
Nicolas	How did you do it?
Gus	First I went to the ... (**b**) for advice.
Sandrine	What did they tell you?
Gus	The gym ... (**c**) told me to start with a good breakfast.
Sandrine	Is that all you did?
Gus	No I stopped eating hamburgers too!
Nicolas	And I suppose she suggested some ... (**d**)?
Gus	Yes she suggested I ... (**e**) out at the gym.
Nicolas	Of course, but did she have any other ideas for here?
Gus	She said I should ... (**f**) to work.
Sandrine	Well, she gave you some excellent advice.
Gus	Yes I feel great. Now, what about a hamburger?
Nicolas	No, forget hamburgers, let's have fish and chips and a beer at the pub.
Gus	Great idea, Brian can take us in his car.
Sandrine	Wait a minute, you two, what about Gus's ... (**g**) and exercise?

Dialogue 1

CD2 piste 11

Are the Frémonts ready to leave? Have they done everything? Let's see now. They are talking with their friends.

Sandrine	Have we done everything? I'm sure I've forgotten something.
Tammy	Let's make a list. First, have you been to the bank?
Sandrine	Yes, I've closed the account.
Tammy	Have you remembered to stop the gas and electricity?
Nicolas	Yes, I've phoned them.
Angela	What about the phone?
Nicolas	I phoned them yesterday.
Gus	And what about your mail?
Sandrine	I've done that. I went to the post office this morning.
Brian	Have you seen the landlord?
Nicolas	Well the landlady actually, she's coming at the end of the month.
Angela	You've started packing, I see.
Nicolas	Yes, Sandrine's done most of it, but I'll do the rest.
Tammy	You can't clean now. Don't worry, we'll come and help you.
Gus	I think I'm busy on the...
Angela	...Gus!
Gus	It's OK, just joking! I'll be there!
Sandrine	Thanks, everyone, that's really kind of you. We've finished then.
Nicolas	Yes, I think we've done everything...

VOCABULAIRE

to close	*fermer*
account	*compte (bancaire)*
mail	*courrier*
landlord, landlady	*propriétaire (homme, femme)*
to pack	*faire les valises*
to clean	*nettoyer, faire le ménage*

Dialogue 2

CD2 piste 11

It's time for the Frémonts to go. It's their last night in Birmingham. Sandrine and Nicolas are having a goodbye party with all their friends and neighbours.

Brendan	You're leaving tomorrow, then? Are you taking the train?
Nicolas	No, we're going by ferry from Poole to Cherbourg.
Sandrine	We decided to take our time on the journey home.
Nicolas	And that way, we can wave goodbye to this lovely country!
Tammy	But you're coming back, aren't you?
Sandrine	Of course we are! For holidays at least.
Angela	You can come and stay with us any time.
Brian	Don't forget to write.
Gus	Let's send emails and with a webcam, we can even chat online.
Nicolas	Yes, let's do that. I'm not very good at writing letters.
Tammy	We'll all miss you...
Sandrine	I think I'm going to cry...
Gus	No, you're not! Come on everybody! Let's have three cheers for Sandrine and Nicolas! Hip, hip...
All	Hooray!

VOCABULAIRE

to wave goodbye	*dire au revoir (de la main)*
at least	*au moins*
even	*même*
online	*en ligne*
to miss	*regretter l'absence de*
to cry	*pleurer*
Come on!	*Allez !*
Three cheers for...	*Hourra pour…*

Grammaire

1) Le present perfect

Voici un temps nouveau qui n'a pas véritablement son équivalent en français. Le **present perfect** ressemble au passé composé français par sa forme. Mais son emploi est différent, car on l'utilise pour faire un lien entre le passé et le présent.

• Formation

Pour les verbes réguliers, **have** est employé comme auxiliaire. Il est suivi du participe passé que l'on forme à partir du verbe suivi de la terminaison **-ed**. Cependant, certains participes passés sont irréguliers. Il faudra donc les apprendre (voir la liste page **239**). Voici un tableau récapitulatif avec le verbe régulier **arrive** :

+ **Forme affirmative**		
I, you, we, they	**have**	arrive**d**.
he, she, it	**has**	arrive**d**.
- **Forme négative**		
I, you, we, they	**have**n't	arrive**d**.
he, she, it	**has**n't	arrive**d**.
? **Forme interrogative**		
Have	I, you, we, they	arrive**d**?
Has	he, she, it	arrive**d**?
• **Réponses brèves**		
Yes,	I, you, we, they	**have**.
Yes,	he, she, it	**has**.
No,	I, you, we, they	**have**n't.
No,	he, she, it	**has**n't.

• Emploi

Pour mieux comprendre le sens et l'emploi de ce temps très particulier, lisez d'abord ce petit dialogue entre Brian et Angela.

Brian	Have you seen my umbrella?
Angela	No, I haven't. Have you looked in the car?

Five minutes later…

Brian	Ah! I've found it!
Angela	Oh, good! Has the post arrived?
Brian	No, the postman hasn't come yet.

Dans ce dialogue, Brian et Angela s'intéressent tous les deux au moment présent. Brian a besoin de son parapluie parce qu'il pleut et il veut sortir. Angela est impatiente de recevoir le courrier. À aucun moment ils n'évoquent le passé, seulement les conséquences du passé sur le présent : Brian a mis son parapluie quelque part il y a quelques heures ou quelques jours, ce qui fait qu'en ce moment il ne le trouve pas et le facteur n'est pas encore passé.

Par contre, si vous voulez évoquer un événement passé, il faudra employer le passé simple :

I **lost** my umbrella this morning.	J'ai perdu mon parapluie ce matin.

2) To miss

Le verbe **to miss** mérite une petite précision. Si le sens est *regretter l'absence de*, on utilisera plus facilement *manquer* en français. Mais attention, il faut alors inverser le sujet et le complément.

We'll miss **you**.	**Vous nous** *manquerez.*
Peter misses **Susan**.	**Susan** *manque à* **Peter**.
Are **you** missing **me**?	*Est-ce que* **je te** *manque ?*

Exercices

CD2 piste 11

1) Qu'ont fait Sandrine et Nicolas avant de voir leurs amis ?
(Faites bien attention à utiliser le simple past dans vos réponses)

2) Dites si ces phrases sont vraies (**true**) ou fausses (**false**) et corrigez celles qui sont fausses.

a Sandrine was worried.

b She went to the bank to open the account.

c Nicolas wrote to the phone company yesterday.

d Sandrine went to the post office last week.

e Nicolas met the landlord.

3) Choisissez la bonne réponse.

a Nicolas remembered to **i** write to the post office **ii)** phone the bank **iii)** phone the gas and electricity.

b Gus is **i)** stupid **ii)** busy.

c Sandrine and Nicolas are **i)** definitely ready to go **ii)** nearly ready to go **iii)** not ready to go at all.

definitely	*absolument*
nearly	*presque*
not at all	*pas du tout*

4) Comparez ces deux images.

Sur la seconde image, six éléments ont changé. Dites ce qui s'est passé en complétant les phrases suivantes à l'aide des verbes proposés que vous conjuguerez au **present perfect**.

arrive • finish • start • turn on (*allumer*) **• close • break**

- a Sandrine and Nicolas ... lunch.
- b Nicolas ... a glass.
- c Sandrine ... the window.
- d Nicolas ... the television.
- e It ... raining.

A vous de jouer !

Sandrine and Nicolas must choose to go back home by train, plane or ferry. Here is an advertisement for a ferry company, with details of the crossing from Poole to Cherbourg.

Poole to Cherbourg

Our shortest crossing. You have the choice of a high-speed service taking just over 2 hours, or a longer crossing by ferry. From Cherbourg, the motorway takes you to all the main roads to Brittany, the Loire and the South.

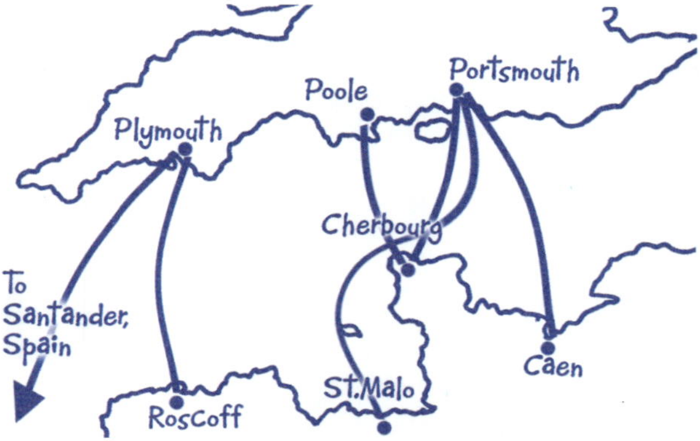

Average sailing duration	Classic crossing: 4½ hours (day); 6½ hours (overnight)
Number of sailings from Poole	Up to three per day
Times of sailings from Poole	Classic crossing: 12:30; 23:45 High Speed: 07:30
Number of sailings from Cherbourg	Up to three per day (two on Mon)
Times of sailings from Cherbourg	Classic crossing: 08:00; 19:00 High Speed: 11:30
Ships operating on this route	Barfleur, Normandie Vitesse

VOCABULAIRE

advertisement *publicité*
crossing *traversée*
choice *choix*
high-speed *rapide (littéralement « à grande vitesse »)*
just over *un peu plus de*
sailing duration *durée de navigation*
up to *jusqu'à*
ship *navire*

Après avoir observé le document, répondez aux questions suivantes :

1 Can they only cross during the day?
2 How many sailings are there from Poole every day?
3 What time does the night ferry leave?
4 How long does the high-speed crossing take?
5 Is it quicker to cross by day or by night?
6 How many ships operate this route?

At the post office

Most post offices in Britain are open from Monday to Friday and often also on Saturday mornings. If you need to buy stamps to send postcards or parcels home, you can buy them from many other places too, such as the newsagent's or the supermarket. Postboxes are easy to recognize as they are usually large, round and red.

VOCABULAIRE

stamp	*timbre*
parcel	*paquet*
newsagent	*marchand de journaux*
box	*boîte*
to recognize	*reconnaître*
round	*rond(e)*

Keeping in touch

With more and more British people now owning a mobile phone, there are fewer phone boxes to be found. Of those that still exist, many now take payment by prepaid phonecard or any credit card. Some even allow you to send emails. The famous red phone box is disappearing, though, as most phone boxes are now simply glass booths. There are still a few around, however, so you might get lucky and see one!

To keep in touch easily, though, you will be able to use your French mobile phone in the UK. There are also thousands of Internet cafés in Britain, so you can even email your family and friends while you are on holiday!

VOCABULAIRE

to keep in touch	*rester en contact, donner des nouvelles*
mobile phone	*téléphone portable*
phone box	*cabine téléphonique*
prepaid	*prépayé(e)*
booth	*cabine*
though	*(ici) cependant*

Changing money

If you are travelling to Britain it is not necessary to change money or buy traveller's cheques before leaving. You can always change money at a bank or a Bureau de Change. Also, if you have an international credit card, it is easy to withdraw money at a cash machine when you arrive at the port, airport or station. There is sometimes a commission to pay, or it will be included in the exchange rate. Banks are usually open from 9 am to 4.30 pm Monday to Friday. The opening hours can vary, however, as they are decided by the individual banks. In small towns, they may close for an hour for lunch or for an entire afternoon one day a week. In larger towns and cities, some banks are open on Saturdays. All banks are closed on public holidays.

to leave	*partir*
exchange rate	*taux de change*
opening times	*heures d'ouverture*

Test d'autoévaluation 04

Ça y est, vous êtes parvenu(e) à la fin de cette méthode. Il vous reste un dernier test d'autoévaluation page **209** pour vous assurer que les points de grammaire et le vocabulaire des chapitres précédents sont bien acquis.

Three cheers for you, too!

Congratulations! You have finished *Anglais Méthode express*. We hope you enjoyed learning English and that you will want to continue your studies. Perhaps you will miss hearing about Britain and like Sandrine and Nicolas you will decide to go there too!

Annexes

Test d'autoévaluation 01

Chapitres 1–5

1) Complétez les questions et les réponses.

a ... you speak Spanish ? No, I ... .
b ... he like animals? Yes, he ... .
c ... she English? No, she... .
d ... they live in Birmingham ? Yes, they... .
e ... it sing very well ? Yes, it ... .

(1 point x 5)

2) Ajoutez **a**, **an** ou **the**.

a He's ... butcher.
b Where's the dog ? It's in ... garden. (*jardin*)
c There's ... ashtray behind the computer.
d Put ... bottles in the kitchen.
e I have ... cat.

(1 point x 5)

3) Posez les questions qui ont donné ces réponses.

a I'm eighteen.
b We come from Barcelona.
c It's half past five.
d Very well, thank you.
e His name is Mick.

(1 point x 5)

4) Complétez avec **this**, **that**, **these** ou **those**.

a ... boy at the bus stop is my son, David. (*ce garçon-là*)
b Take ... books off my desk. (*ces livres-là*)
c ... dogs are very tired. (*ces chiens-ci*)
d She doesn't like ... mouse. (*cette souris-là*)
e They live in ... house. (*cette maison-ci*)

(1 point x 5)

5) Mettez les phrases à la forme négative.

a Her name is Wendy.
b I speak Greek.
c They're from Paris.
d He likes beer.
e Sit on the sofa!

(1 point x 5)

6) Ajoutez **my**, **your**, **his**, **her**, **its**, **our** ou **their**.

- **a** Brian is married, ... wife is called Angela.
- **b** We like ... friends.
- **c** I brush ... teeth in the morning.
- **d** This is Anne and these are ... mice.
- **e** The Smiths say ... pets are like ... children.

(1 point x 5)

Total = 30 points

Test d'autoévaluation 02

Chapitres 6–10

1) Imaginez la conversation suivante :

- **a** Matt veut inviter son ami Sam à manger le mardi 7 juin.
- **b** Sam est désolé, mais il est très occupé la semaine prochaine.
- **c** Matt dit que ce n'est pas grave et lui suggère le mardi 14.
- **d** Oui, il est libre, mais Sam fait une suggestion : se retrouver au pub avant (**first**).
- **e** Matt trouve l'idée bonne et demande si c'est d'accord pour 18h30.
- **f** Sam dit que oui et termine en disant à mardi !

(1 point x 6)

2) Transformez ces phrases en questions :

- **a** He has got a new car.
- **b** She likes staying in bed on Sunday mornings.
- **c** I'd like to have a glass of orange juice.
- **d** We are going to Paris this afternoon.
- **e** There are three letters on the table. (*Demandez combien*)
- **f** His parents are coming on Saturday.

(1 point x 6)

3) Complétez avec un pronom complément.

- **a** She likes reading so I often see ... at the library.
- **b** His trousers are dirty (*sale*), he must wash ... .
- **c** We're at home on Saturday, come and visit ... then.
- **d** Stop looking at ... like that, I don't like it.
- **e** Where's my book? I can't see ... in the living room.
- **f** Your dad is in the garden, can you ask ... if he wants a cup of tea?

(1 point x 6)

4) Complétez les phrases suivantes avec un adverbe de fréquence (**always**, **usually**, **often**, **sometimes**, **rarely** ou **never**) selon le sens le plus probable.

Angela parle à Sandrine de sa vie quotidienne avec Brian.

- **a** To be in time for work, I ... get up early in the morning, so I ... watch TV late on Sunday night.
- **b** In the week, we ... have dinner at a restaurant, we usually stay at home.
- **c** On Saturdays, I ... go shopping, but usually it's Brian.
- **d** We ... go to the pub with friends on Friday evenings.
- **e** I am ... happy at the weekends, but not when it rains!

(1 point x 6)

5) Demandez à qui appartiennent les éléments soulignés. Répondez ensuite aux questions en utilisant les informations entre parenthèses.

- **a** There's a car in front of the house. (*my parents*)
- **b** There are two glasses on the table. (*the children*)
- **c** The house in this photo is beautiful. (*the Smiths*)
- **d** There's a dog in the garden. (*Mrs Brown*)
- **e** There's a bedroom next to the bathroom. (*Julie*)
- **f** Today is somebody's birthday. (*Nicolas*)

(1 point x 6)

Total = 30 points

Tests d'autoévaluation

Test d'autoévaluation 03

Chapitres 11–15

1) Faites des phrases soit au présent simple soit au présent continu avec **be + ing** en utilisant le verbe entre parenthèses.

- **a** This football team is excellent, they always (*win*) their matches.
- **b** Oh really? Look at them now, they (*lose*)!
- **c** He (*not watch*) television. Where is he?
- **d** He never (*forget*) her birthday.
- **e** Hello Sue, what (*do*) you? (*work*) you?

(1 point x 5)

2) Choisissez la bonne réponse pour compléter les phrases.

- **a** She has got (*any/some*) kind friends.
- **b** These flowers are beautiful, thank you. What (*nice/a nice*) surprise!
- **c** We (*go never/never go*) to the opera.

d My (*brother's car/car's brother*) is in the garage.

e There aren't (*any/some*) good films on television, I'm going to bed.

(1 point x 5)

3) Ajoutez **the** ou laissez sans article **Ø**.

a Where is ... butcher's?

b My children always have ... lunch at ... school.

c Everybody likes ... chocolate, don't they?

d I didn't enjoy ... film on TV last night.

e She doesn't usually go to ... bed late.

(1 point x 5)

4) Complétez les phrases avec un des mots composés suivants :

someone / anyone / everyone – something / anything / everything – somewhere / anywhere / everywhere

a I can't go to the party, I haven't got ... to wear!

b There's that strange man again, I see him ... I go.

c Please speak to me, say ...!

d Does ... know where my scarf is?

e ... wants their team to win, of course.

(1 point x 5)

5) Mettez les phrases suivantes au passé simple.

a There are two letters for Peter this morning.

b His children play football on Saturdays.

c Dan doesn't like school meals.

d She usually arrives late.

e Do you want to go to the pub?

(1 point x 5)

6) Transformez ces questions et ces phrases négatives en phrases affirmatives au passé simple. Attention, tous les verbes sont irréguliers !

a Did she buy a lot of clothes in London?

b We didn't eat curry last night.

c He didn't take his umbrella.

d Did everyone go bowling on Friday?

e I didn't see him at the library.

(1 point x 5)

Total = 30 points

Test d'autoévaluation 04

Chapitres 16–20

1) Simple prédiction, intention, décision ou prédiction basée sur la situation présente ? Complétez les phrases suivantes avec **will** ou **be going to** selon le cas. Faites les modifications nécessaires dans les phrases négatives et les questions.

- **a** They ... buy a new car with the money James won at the lottery.
- **b** This time next week, I ... be on holiday!
- **c** He isn't in at the moment, but I ... tell him you phoned.
- **d** What ... you ... do for your birthday?
- **e** Look at that girl! I think she ... jump off the bridge!

(1 point x 5)

2) Faites une phrase pour comparer les éléments donnés. Rappelez-vous que pour comparer deux éléments il faut un comparatif, pour trois il faut un superlatif.

- **a** Rover is 6, Fred is 10, Winnie is 2 (*old dog*).
- **b** This summer is hot, last summer was cool (*hot*).
- **c** *Harry Potter*, *The Lord of the Rings* (*popular book*)
- **d** Your mobile phone, my mobile phone (*easy to use*)
- **e** A Peugeot, a Rolls Royce, a Honda (*expensive car*)

(1 point x 5)

3) **Many** ou **much** ? À vous de faire le bon choix selon le nom.

- **a** He can't come to the cinema, he hasn't got ... money, you know.
- **b** There isn't ... bread left, can you go and buy some?
- **c** How ... tickets did you buy?
- **d** All that food! It's too ... for me to eat.
- **e** Let's go somewhere quiet, there are too ... people here.

(1 point x 5)

4) Que signifient ces panneaux routiers ? Faites deux phrases pour expliquer chaque panneau en exprimant l'interdiction ou l'autorisation. Utilisez **must** et **forbid** ou **may** et **allow** selon le cas.

a

b

c

d

e

(1 point x 5)

5) Que pouvez-vous suggérer ou conseiller dans les situations suivantes ? Complétez les phrases avec : **what about**, **why not**, **why don't**, **should** ou **let's**.

a It's Saturday tomorrow, ... take the children to the zoo!

b You look tired, ... you go to bed early?

c "Petrol is so expensive." "Yes, we really ... use public transport more often."

d "Oh dear, I don't like this pudding." "... ... have some fruit then?"

e "The fridge is empty." "... ... phoning for a pizza?"

(1 point x 5)

6) Trouvez la suite logique en utilisant les éléments entre parenthèses. Les verbes sont à conjuguer au **present perfect**.

a Sally can't open the door. She ... (*lose her keys*)

b They don't know the story (*histoire*), they ... (*not see the film*)

c Stop, thief! (*Au voleur !*) He ...! (*steal my mobile*)

d Can we go now? .... you ...? (*turn off the lights*)

e You must be very proud (*fier*) of yourself! Yes, I ...! (*finish Anglais Méthode express*)

(1 point x 5)

Total = 30 points

C'est en général la forme contractée qui est donnée dans le corrigé, mais la forme non contractée est juste aussi.

Chapitre 1

Exercices

1) **a** Hello! *ou* Hi! **b** Good morning! **c** Good afternoon!
d Goodnight!
2) **Vous** Good evening.
Vous Pleased to meet you too. I'm ... .
3) **Vous** I'm French. Are you English?
Vous See you later.
4) **Vous** Good evening, what's your name?
Helen Hello, *ou* Hi, I'm Helen.
David What nationality are you?
Vous I'm French and I live in France.
5) **a** American **b** Canadian **c** German **d** Spanish **e** Italian **f** Indian **g** Scottish **h** Welsh

Mini-test

Sandrine	Good morning! I'm Sandrine Frémont.
Margaret Brown	Hello! I'm Margaret Brown.
	Pleased to meet you. Are you French?
Sandrine	Nice to meet you too. No, actually I'm Swiss.
Margaret Brown	And I'm not English, I'm Welsh, actually.
	See you later, bye.
Sandrine	Goodbye.

Chapitre 2

Activité

a Hello! *ou* Hi! **b** Good morning! ; Good afternoon! ; Good evening! **c** My name is Judith Hall. *ou* I'm Judith Hall. I'm Australian. I live in Brisbane. **d** What's your name?

Exercices

1) **a** How is she? **b** How are they? **a** She's fine. **b** They're not very well.
2) **a** My name's ... . **b** I'm from ... . **c** I'm ... .
3) **a** No, she isn't. **b** Yes, they are. **a** He's not Italian, is he? No, he isn't. **b** They're American, aren't they? Yes, they are.

4) **Sandrine** Are you married?
Maureen Yes, I am. You're married too, aren't you?
Sandrine Yes, his name's Nicolas.
Sandrine Is your husband Scottish too?
Maureen No, he's Australian. His name is Mick.

a Maureen is married. b His name is Mick.

5) a twelve b thirteen c ten d nine e six f twenty g sixteen h fifteen

Mini-test

a I'm not very well today. b My son is five. c His wife is fine. d His name is Max. e He's from Montreal.

Chapitre 3

Activité

a How old is she? b Where are they from? c How are you? d What's your name? e How is he? f What's his name?

Exercices

1) a behind b under c in d on
2) a an b a c the d an e the f a
3) a What do you do? b Where is the telephone? c What do Mr and Mrs Murray do? d Do you speak English? e Where are the cups? f What's this?
4) a Please put these bottles in the kitchen. b There's a cushion on the sofa. c Take those books off the television! d There are four chairs in the living room. e Don't put that ashtray next to my cup! f Put those letters on the desk!

Mini-test

a Don't come in! b I'm a taxi driver. c I don't speak Spanish very well. d. There are two letters for you. e Take these *ou* those books off the chair.

Chapitre 4

Activité

a No, don't sit on that chair!
b Come in please.
c No, don't put those bottles in the bathroom!
d Take the ashtray off the desk!
e Speak English, not French!
f No, don't work, it's the weekend!

Exercices

1) a stays b goes c doesn't watch d doesn't read e gets up
2) a I don't like beer. b Martin doesn't smoke. c She doesn't speak Spanish. d This dog doesn't eat fish. e They aren't Chinese.
3) a aren't ; are b don't work ; stay c read d does *ou* doesn't do e watch ; drink
4) a It's twenty past nine. It's nine twenty. (am) b It's twelve o'clock. It's midday. c It's a quarter past one. It's one fifteen. (pm) d It's a quarter to ten. It's nine forty-five. (pm) e It's half past eleven. It's eleven thirty. (pm)
5) a Do you speak Russian? b Does your wife watch TV regularly? c Do you drink tea? d Do your son and daughter make breakfast? e Does your friend work?
6) 1 c 2 d 3 a 4 b

Mini-test

Exemple
I get up at half past six.
I make breakfast for my son and drive him to school.
I meet my colleagues on the bus and I read the newspaper.
In the evening, my wife makes dinner at half past seven.
She goes to the gym for an hour.
We don't watch TV in the evening.

Chapitre 5

Activité

Gus What do you do?
Gus What do you study?
Gus Where are you from?
Gus What do you do *ou* Where do you go in the evening?
Gus What time do you go to the pub?

Compréhension

a false b false c true d true e false f false g true h false i true j false

Exercices

1) a he b it c she d he e they
2) a They feed the ducks. b The villages have three churches.
c We have four children. d They don't want mice. e Our sons are engineers.
f My friends are British.

Chapitre 6

Activité

a my ; your ; his ; her ; its ; our ; their
b un élément non humain ; genre
c his wife ; her husband
d tables ; masses ; babies ; lives ; women

Exercices

1) a These are b These are c This is
2) a That's b That's c Those are
3) a her b his c their d our e its
4) a Finlay b Jodie c Craig d Jay
sœur ; frère ; tante ; oncle ; grand-mère ; grand-père ; petits-enfants
5) a I don't like milk. Neither do I! b They're rich, aren't they? I think so. c That's your uncle, isn't it? I don't think so. d I have four grandchildren. So do I! e I'm late. So am I!

Mini-test

a twenty ; nineteen ; eighteen ; seventeen ; sixteen ; fifteen ; fourteen ; thirteen ; twelve ; eleven ; ten ; nine ; eight ; seven ; six ; five ; four ; three ; two ; one ; zero
b horses ; sisters ; men ; tomatoes ; countries ; dishes ; children ; turtles
c there is ; there are
d so do I ; I don't think so ; perhaps ; especially

Chapitre 7

Activité

Véronique	This is my son, Nicolas.
Caitlin	Who is that woman with him?
Véronique	It's his wife, Sandrine.
Caitlin	I like her name.
Véronique	So do I!
Caitlin	Do they want to come and try our whisky too?
Véronique	I think so!

Exercices

1) **a** can ; Can you wait for lunch? **b** would ; He wouldn't like to have a cat. **c** can ; She can't sing very well. **d** would ; Would they like to read the newspaper? **e** can ; I can't see the children.
2) **a** Let's **b** Let's **c** What about **d** Let's **e** What about
3) **a** false **b** true **c** true **d** false
4) **a** the eleventh of November two thousand and six ; November the eleventh two thousand and six **b** the thirty-first of December nineteen ninety-three ; December the thirty-first nineteen ninety-three **c** the twenty-second of June nineteen eighty-nine ; June the twenty-second nineteen eighty-nine **d** the third of July fourteen fifty-eight ; July the third fourteen fifty-eight **e** the fifth of March twenty twenty-our ; March the fifth twenty twenty-four

Mini-test

a Never mind. **b** I don't understand, I can't speak German. **c** Thank you, that's kind of you. **d** Of course, I'm sorry. **e** How do you say *je suis enrhumée*? **f** What's the English for *la grippe*?

Chapitre 8

Activité

a in **b** to **c** to **d** Ø **e** in **f** Ø

Exercices

1) **a** black **b** green **c** yellow **d** pink **e** brown **f** white
2) **a** Their sister is very beautiful. **b** My husband hasn't got a black car. **c** We can take a red bus. **d** This busy woman doesn't sleep. **e** Yorkshire pudding is a traditional English dish.

3) **a** I have got a cat. **b** Has your mother got a mobile phone? **c** My parents haven't got a home cinema. **d** Mr Turner hasn't got four dogs. **e** She has a very lovely husband. **f** Has he got a big house?
4) **a** you can read; cycle ; swim ; shop ; watch TV ; fish ; play tennis ; walk ; horse ride ; drink ; cook
b you can't cook ; camp ; smoke

Mini-test

a at **b** in **c** on **d** to ; on

Chapitre 9

Activité

George Clooney ; Catherine Zeta-Jones

Exercices

1) **a** I must go shopping. **b** I need some meat and some vegetables. **c** We don't need any bread. **d** How much does it/ the chicken cost? **e** How much is a pound of peas and a pound of potatoes?
2) **a** any **b** a **c** some **d** an **e** any
3) **a** It costs £5.25. **b** 25th July 2007 **c** It's ten to eleven. **d** They cost 60 pence a kilo. **e** The total is £26.75. **f** Yes, he buys some oranges.
4) **a** fish **b** baker's **c** library **d** meat **e** flour **f** greengrocer's **g** sweets **h** toothpaste **i** stamps

Mini-test

You	Let's buy some.
You	All right. How much are these cakes, please?
You	I'd like two, please.
You	No thank you, I've got some left.
You	How much is all that, please?
You	Here is £10.

Chapitre 10

Activité

Dan can
Brendan can
Dan would ; can
Brendan must ; wouldn't ; would

Exercices

1) a them b her c him d it e her
2) a3 It's Max's bone. b2 They're Tony's boots. c1 That's Matt and Tom's football. d4 It's Tomoko's camera.
3) a They never read a newspaper. b We always stay late in bed. c Does she often go to the pub? d Our children don't always do the washing-up. e We sometimes have a walk in the park.

Chapitre 11

Activité

a Which music do you prefer, jazz or rock? b Whose saxophone is this? c It's Bob's. d Kate and Jill like wearing jewellery. e Carol and Jeff prefer wearing black and white clothes. f Sally doesn't like opera.

Exercices

1) b It's quarter past eight. Tammy is going to work. c It's half past ten. Nicolas is studying. d It's half past twelve. Angela and Sandrine are having lunch e It's five o'clock. Brian is waiting for the bus. f It's half past seven. Gus is drinking beer in the pub. g Nicolas and Sandrine are watching TV. h Tammy is going to bed.
2) a 4 b 5 c 1 d 2 e 3
3) a What a surprise! b What an interesting film! c How amusing! d What a good boy! e How fantastic! f What nice trousers!
4) a nothing b somewhere c again d to win e probably f to worry

À vous de jouer !

a Thierry Henry b It's on Sunday, 12 March at 15:00. c She has a record for sailing solo around the world. d rugby e India

Mini-test

a I'm sorry, I'm having dinner. b It's raining, so I'm not playing tennis this afternoon. c My father speaks Spanish and English. d I'm waiting for the film. e Women don't play netball in France. f Thank you, I don't often go to the pub.

Chapitre 12

Activité

d Let's go to the shops.
f Put the cups in the cupboard!

Exercices

1) **a** there was a field **b** There were two narrow roads **c** There was a church **d** there weren't any cars **e** There weren't **f** there was a big tree at the crossroads **g** There was a corner shop.
2) **a** somewhere **b** anything **c** someone **d** anybody **e** something **f** anywhere **g** anything

À vous de jouer !

a There are four different sorts of sandwiches.
b A regular Sprite costs £1.30.
c No, you can have them made with wholemeal bread.
d No, it doesn't.
e Because they are home-made.

Mini-test

a Are you ready to order?
b I'd like a ham and salad sandwich and a coffee, please.
c Would you like anything else?
d I'd like something cold, a small Coke, please.
e Could I have the bill, please?

Chapitre 13

Activité

a What's your name? **b** What is your date of birth? *ou* When were you born? **c** What's your address? *ou* Where do you live? **d** What's your phone number? **e** What's your email address? **f** Are you married or single? **g** What nationality are you? *ou* What is your nationality?

Exercices

1) **a** There was a letter for you. **b** They didn't want any carrots. **c** Did you like the concert? **d** He worked at the station. **e** Romeo kissed Juliet.
2) **a** was **b** opened **c** didn't want **d** decided **e** didn't sell **f** recruited **g** received **h** weren't

À vous de jouer !

a The shop assistant's job suits a student. **b** French and other skills are necessary for the job at the travel agency. **c** He or she has tips and free meals. **d** They are ten and five. **e** He or she must start working as soon as possible.

Mini-test

a They kissed their wives goodbye. **b** They didn't start from England. **c** They sailed from Spain on a big boat. **d** They didn't explore temples. **e** They looked for treasure. **f** They didn't discover bananas. **g** They liked the Indians. **h** They didn't return by train.

Chapitre 14

Activité

a oh one three four five *(pause)* double seven six *(pause)* four eight five **b** double oh double three (*pause*) two (*pause*) five four (*pause*) nine six (*pause*) double three (*pause*) double six **c** oh one two one (*pause*) six five four (*pause*) seven nine three one **d** double oh double four (*pause*) two four one (*pause*) nine eight seven (*pause*) three two one

Exercices

1) **a** Yes, he did. **b** No, she didn't. **c** No, she didn't. **d** No, she didn't. **e** Yes, he did.
2) **a** No, she didn't. She went to the library and had a piece of cake with Helen. **b** He bought some CDs. **c** No, she didn't. She lost her purse. **d** Tammy saw Helen in the library. **e** No, he didn't. He slept because he was tired. **f** Someone stole it.
3) was born ; lived ; went ; started ; needed ; was ; came ; didn't have ; did not think ; was

À vous de jouer !

1) **a** No, there is a little rain or drizzle. **b** The difference between the minimum and the maximum temperatures is 5° C. **c** No, the outlook is cloudy with some rain.
2) **a** It was sunny. **b** No, it was cold with snow. **c** Because it was foggy.

Mini-test

a I got up at ... . **b** I ... in the morning. **c** I had lunch at ... . **d** I ate ... . **e** In the afternoon I ... . **f** I stayed in/went out in the evening. **g** I went to bed early/late.

Chapitre 15

Activité

a lost **b** met **c** bought **d** came **e** ate

Compréhension

a She went to the cash machine. **b** She needed to withdraw some money. **c** She couldn't find her credit card. **d** She walked over the bridge, back to the museum. **e** She decided to phone the bank. **f** She had to go to the bank and fill in a form.

Exercices

1) **a** tell **b** say **c** says **d** tell **e** tell **f** says
2) **a** Gerry has to leave early. **b** I must write to my parents. **c** She had to report the loss of her card. **d** You must go to the police. **e** Those children mustn't run across the road. **f** We have to do the shopping this morning.
3) **a** entrer **b** revenir **c** sortir **d** traverser **e** monter
   1 come back **2** go through **3** go out **4** go into **5** to go up

À vous de jouer !

a Take the first road right into Station Road. The post office is on the left. **b** Turn left out of the park. Then turn right into Brook Street and left into Hill Road. The supermarket is on the corner of Brook Street and Hill Road. **c** Turn left into the Crescent, then left into Hill Road and left again into Brook Street. The theatre is on the left after the restaurant. *ou* Turn right into The Crescent, right into Park Avenue and right again into Brook Street. The theatre is on the right. **d** Go straight down Coventry Road, turn right at the end into High Street and left into Hill Road. The restaurant is on the corner of Hill Road and Brook Street, on the left. **e** It's Park Hotel. **f** It stops outside the sports centre. No, it's not near the school.

Chapitre 16

Activité

a son ; man ; uncle **b** doctor ; policeman ; shop assistant **c** drink ; wash ; read **d** cold ; expensive ; dry **e** under ; down ; behind

Exercices

1) **a** Will ; love **b** won't stay **c** 'll help **d** won't tell ; will **e** 'll see
2) **a** easier ; the easiest **b** worse ; the worst **c** more interesting ; the most interesting **d** more difficult ; the most difficult **e** fatter ; the fattest
3) **a** more expensive **b** bigger **c** older **d** newer **e** the most comfortable **f** the cheapest **g** the best

À vous de jouer !

a She won't be careful on Wednesday. **b** She won't go out on Saturday because she won't meet anyone. **c** He will read the classified ads. **d** He will go running on Monday. **e** He will buy tickets on Monday and Saturday. **f** She won't go swimming.

Mini-test

You	Good evening, I'd like to book a table for four for Saturday evening.
You	Around half past eight.
You	I'm sorry, it's too early. Is nine o'clock possible?
You	It's ...
You	Thank you. Goodbye.

Chapitre 17

Activité

Tammy	What was the weather like?
Tammy	Did your boyfriend go with you?
Tammy	Where did you go?
Tammy	Why did you stay there?
Tammy	What did you see?
Tammy	Did you buy anything?

Exercices

1) **b** How much bread are they taking? They're taking too much bread. **c** How many jumpers are they taking? They're not taking many jumpers. **d** How much money are they taking? They're not taking much money. **e** How many shoes are they taking? They're taking too many shoes. **f** How much luggage are they taking? They're taking too much luggage.
2) **e** friend
3) a piece of advice ; a piece of information ; a piece of luggage ; a loaf of bread ; a piece of fruit

À vous de jouer !

1 False. Windermere is a picturesque village in Cumbria, in England. **2** False. The guest house is near the village. **3** True. The Lake District offers magnificent scenery. **4** False. You can walk to the lake. **5** True. There are attractions like historic houses and sports like cycling. **6** True. There is easy access to restaurants and shops. **7** False. Only en suite rooms have TV. **8** True. All rooms have tea/coffee-making facilities. **9** True. There is direct access to the tennis courts. **10** False. Pets are welcome.

Mini-test

a many **b** much **c** much **d** a lot/lots of **e** A lot/Lots of ; many

Chapitre 18

Activité

Across: **2** choose **5** soon **7** take back **10** nearly
Down: **1** book **3** hot **4** ensuite **5** scenery **6** OK **8** water **9** hire

Prononciation

1 a **2** i **3** h **4** d **5** e **6** b **7** j **8** g **9** f **10** c

Exercices

1 **a** Smoking is forbidden. You mustn't smoke. **b** Only pedestrians are allowed on this road. Only pedestrians may take this road. **c** Parking is forbidden. You mustn't park here. **d** Swimming is allowed here. You may swim here. **e** It is forbidden to drive in this street. You mustn't drive on this street. **f** Children are allowed to play here. Children may play here.
2 **a** head **b** hands **c** cheeks **d** stomach **e** eyes **f** ear **g** arms **h** nose

Mini-test

1 c **2** b **3** a **4** b **5** a

Chapitre 19

Activité

1 tired **2** see **3** friends **4** weather **5** today **6** soon.

Exercices

1) On Monday the sixth, she's going to phone the dentist for an appointment at eleven. On Tuesday the seventh, she's going to take books back to the library at half past two. On Wednesday the eighth, she's going to play badminton with Jennifer at twenty past seven. On Thursday the ninth, she's going to buy a present for Tammy's birthday. On Friday the tenth, she's going to meet friends at the pub at half past six. On Saturday the eleventh, she's going to visit the museum with Sarah at a quarter past four.
2) **1** It's going to rain. **2** You're/He's going to fall into the river. **3** They/We're going to eat some. **4** I'm/He's going to miss it. **5** She's going to win.
3) **1** a c **2** c d **3** b c
4) I agree. *ou* I don't agree.

À vous de jouer !

a False. There are only saunas. **b** True. **c** True. **d** False. Courses are available at a discounted price.

Mini-test

Jessica	I think so too. If I eat like that all the time, I'm going to be obese.
Jessica	We should do something.
Jessica	What about going to see the cook?
Jessica	No, I don't agree.
Jessica	It's better to speak to the cook ourselves.

Chapitre 20

Activité

a weight **b** gym **c** instructor **d** exercise **e** work **f** cycle **g** diet

Exercices

1) Voici quelques réponses possibles :
Sandrine went to the bank and closed their account.
Nicolas stopped the gas and the electricity.

He phoned the telephone company.
Sandrine went to the post office about their email.
They did their packing.

2) a True. b False. She went to the bank to close the account. c False. He phoned the phone company yesterday. d False. She went there this morning. e False. He met the landlady.

3) a iii b ii c i

4) a have finished b has broken c has closed d has turned on e has started

À vous de jouer !

1 No, they can cross at night too. 2 There are up to three sailings from Poole every day. 3 It leaves at a quarter to midnight. 4 The high-speed crossing takes two hours and fifteen minutes. 5 It is quicker to cross by day. 6 Two ships operate this route.

C'est en général la forme contractée qui est donnée dans le corrigé, mais la forme non contractée est juste aussi.

Test d'autoévaluation 01

1) **a** Do ; don't **b** Does ; does **c** Is ; isn't **d** Do ; do **e** Does ; does
2) **a** a **b** the **c** an **d** the **e** a
3) **a** How old are you? **b** Where do you come from? **c** What time is it? **d** How are you? **e** What's his name?
4) **a** That **b** those **c** These **d** that **e** this
5) **a** Her name isn't Wendy. **b** I don't speak Greek. **c** They aren't from Paris. **d** He doesn't like beer. **e** Don't sit on the sofa!
6) **a** his **b** our **c** my **d** her **e** their ; their

Test d'autoévaluation 02

1) **a** Would you like to come round for a meal on Tuesday the seventh of June, Sam? **b** I'm sorry, Matt, but I'm very busy next week. **c** Never mind, what about Tuesday the fourteenth? **d** Yes, I'm free on Tuesday. What about meeting at the pub first? **e** Good idea! Is half past six all right? **f** Yes, that's fine. See you on Tuesday!
2) **a** Has he got a new car? **b** Does she like staying in bed on Sunday mornings? **c** Would you like to have a glass of orange juice? **d** Are you going to Paris this afternoon? **e** How many letters are there on the table? **f** Are his parents coming on Saturday?
3) **a** her **b** them **c** us **d** me **e** it **f** him
4) **a** always, never **b** rarely **c** sometimes **d** often **e** usually
5) **a** Whose car is it? It's my parents' car. **b** Whose glasses are these? They are the children's glasses. **c** Whose house is it? It's the Smiths' house. **d** Whose dog is in the garden? It's Mrs Brown's dog. **e** Whose bedroom is next to the bathroom? It's Julie's bedroom. **f** Whose birthday is it today? It's Nicolas's birthday.

Test d'autoévaluation 03

1) **a** win **b** 're losing **c** isn't watching **d** forgets **e** are you doing ; Are you working
2) **a** some **b** a nice **c** never go **d** brother's car **e** any
3) **a** the **b** Ø ; Ø **c** Ø **d** the **e** Ø

4) **a** anything **b** everywhere **c** something **d** anyone **e** everyone
5) **a** There were two letters for Peter this morning. **b** His children played football on Saturdays. **c** Dan didn't like school meals. **d** She usually arrived late. **e** Did you want to go to the pub?
6) **a** She bought a lot of clothes in London. **b** We ate curry last night. **c** He took his umbrella. **d** Everyone went bowling on Friday. **e** I saw him at the library.

Test d'autoévaluation 04

1) **a** are going to **b** will **c** will **d** are (you) going to **e** is going to
2) **a** Fred is the oldest dog. **b** This summer is hotter than last summer. **c** Harry Potter is a more popular book than The Lord of the Rings. **d** Your mobile phone is easier to use than my mobile phone. **e** A Rolls Royce is the most expensive car.
3) **a** much **b** much **c** many **d** much **e** many
4) **a** You mustn't turn right. It's forbidden to turn right. **b** You mustn't drive at more than 30 mph. It's forbidden to drive at more than 30 mph. **c** Only cyclists may use this road. Only cyclists are allowed on this road. **d** You may park here. Parking is allowed here. You are allowed to park here. **e** You mustn't enter here. It's forbidden to enter here.
5) **a** let's **b** why don't **c** should **d** why not **e** what about
6) **a** has lost her keys **b** have not seen the film **c** has stolen my mobile **d** Have (you) turned off the lights **e** have finished *Anglais Méthode express*

Ces deux lexiques ne comportent pas tous les mots que vous avez rencontrés dans cette méthode, mais seulement une sélection de mots de base. Nous vous conseillons vivement de revoir les listes de vocabulaire figurant dans les chapitres, car vous trouverez les mots utilisés en contexte et ils seront donc plus faciles à mémoriser.

Les mots ont en général plusieurs sens, nous ne donnons ici que le sens rencontré dans ce livre. Pour enrichir votre vocabulaire, un bon dictionnaire vous sera d'une aide précieuse.

about *environ, à peu près ; à propos, au sujet de*
actually *en fait*
advice *conseils*
after *après*
afternoon *après-midi*
again *encore, à nouveau*
against *contre*
agree (to) *être d'accord*
all *tout(e)*
all right *d'accord*
along *le long de*
always *toujours*
any *de, du, de la, des*
anything *quelque chose* ; **anything else** *autre chose*
anyway *de toute façon*
around *autour*
as *comme*
ask (to) *demander*
at *à*
awesome (US) *génial(e)*

bank *banque*
bathroom *salle de bains*
be (to) *être*
beat (to) *battre*
beautiful *beau (belle)*
because *parce que*
bed *lit*
bedroom *chambre*
beer *bière*
before *avant*
begin (to) *commencer*
behind *derrière*
best : the best *le(la) meilleur(e)*
better *mieux*
between *entre*
big *grand(e)*
bill *note (addition)*
bird *oiseau*
birthday *anniversaire*
body *corps*
book *livre*
book (to) *réserver*
born: be born (to) *naître*
bottle *bouteille*
boy *garçon*
bread *pain*
break (to) *casser*
breakfast *petit déjeuner*
bridge *pont*
brush (to) *brosser*
building *bâtiment*
busy *occupé(e)*
but *mais*
butcher *boucher*
buy (to) *acheter*

café *café (lieu)*
cake *gâteau*
called: be called (to) *s'appeler*
can *pouvoir*
car *voiture*
careful *prudent(e)*
carrot *carotte*
cat *chat*

certainly *certainement*
chair *chaise*
chat (to) *bavarder*
cheap *bon marché*
cheers! *santé !*
cheese *fromage*
child, pl: children *enfant*
chip *frite*
choice *choix*
choose (to) *choisir*
clean (to) *nettoyer*
close (to) *fermer*
clothes *vêtements*
cloud *nuage*
coat *manteau*
coffee *café (boisson)*
cold *froid(e)*
come (to) *venir*
comfortable *confortable*
computer *ordinateur*
cook (to) *cuisiner, faire cuire*
cost (to) *coûter*
course : of course *bien sûr*
cross (to) *traverser*
cry (to) *pleurer*
cup *tasse*
cupboard *placard*
cushion *coussin*
customer *client(e)*
cycle (to) *faire du vélo*

daughter *fille (≠ fils)*
diet *régime*
dish *plat*
do (to) *faire*
dog *chien*
drink (to) *boire*
drive (to) *conduire*
dry *sec (sèche)*
duck *canard*

early *tôt*
easy *facile*
eat (to) *manger*
empty *vide*
end (to) *(se) terminer*
enjoy (to) *apprécier*
even *même*
evening *soir, soirée*
everything *tout*
example : for example *par exemple*
expensive *cher(ère)*

fall (to) *tomber*
family *famille*
fat *gras(se) ; matière grasse*
father *père*
favourite *préféré(e)*
field *champ*
find (to) *trouver*
fish *poisson*
fit *en forme*
flat *appartement*
fluent *courant(e) (langue)*
follow (to) *suivre*
foot, pl: feet *pied*
for *pour*
forget (to) *oublier*
free *libre, gratuit(e)*
fresh *frais(aîche)*
friend *ami(e)*
full *plein(e) ; complet(ète)*
fun *amusant(e)*
furniture *meubles*

get (to) *obtenir ; arriver*
get up (to) *se lever*
girl *fille (≠ garçon)*
give (to) *donner*
glass *verre*
glasses *lunettes*
go (to) *aller*
go down (to) *descendre*
go up (to) *monter*
goal *but*
good *bon(ne)*

goodbye *au revoir*
gorgeous *ravissant(e)*
grow (to) *grandir*
gym *salle de sport*
hair *cheveux*
ham *jambon*
hand *main*
handbag *sac à main*
hate (to) *détester*
have (to) *avoir ; prendre*
have got (to) *avoir (posséder)*
have to (to) + V *devoir*
he *il*
health *santé*
hear (to) *entendre*
hello *bonjour*
help (to) *aider*
her *la ; elle*
here *ici*
him *le ; lui*
hope (to) *espérer*
horse *cheval*
hot *chaud(e) ; épicé(e)*
hour *heure*
house *maison*
how *comment*
however *cependant*
hungry : be hungry (to) *avoir faim*
hurt (to) faire mal ; be hurt (to) *être blessé(e)*

idea *idée*
in *dans*
information *informations*
instead of *au lieu de*
interesting *intéressant(e)*
it *il, elle ; le, la ; lui, elle*

job *emploi*
journey *trajet, voyage*

kind *gentil(le)*
know (to) *connaître, savoir*
knowledge *connaissance(s)*

large *grand(e)*
late *tard*
least : at least *au moins* **; the least** *le(la) moins*
leave (to) *partir*
left *à gauche ; gauche*
less *moins*
letter *lettre*
library *bibliothèque*
life *vie*
like *comme*
like (to) *aimer bien*
little *petit(e) ; peu (de)*
live (to) *vivre, habiter*
living room *salon*
long : how long *combien de temps*
look (to) + adjective *avoir l'air + adjectif*
look after (to) *s'occuper de*
look at (to) *regarder*
look for (to) *chercher*
lose (to) *perdre*
lot : a lot of *beaucoup de*
lots of *plein de*
lovely *adorable, charmant(e)*
luggage *bagages*
lunch *déjeuner*

make (to) *faire*
man, pl: men *homme*
many *beaucoup* **; how many** *combien*
map *plan, carte*
matter : it doesn't matter *cela ne fait rien*
meal *repas*
mean (to) *vouloir dire, signifier*
meat *viande*
medicine *médicaments*
meet (to) *rencontrer* **; pleased to meet you** *enchanté(e)*
miss (to) *rater ; regretter l'absence de*
mobile phone *téléphone portable*
money *argent*

more *plus*
morning *matin*
most *la plupart*
mother *mère*
motorway *autoroute*
much *beaucoup* **; how much** *combien*
must *devoir*

name *nom*
near *près de*
nearly *presque*
need (to) *avoir besoin de*
never *jamais* **; never mind** *ça ne fait rien*
new *nouveau(elle), neuf(neuve)*
newsagent *marchand de journaux*
newspaper *journal*
next *prochain(e)* **; next (to)** *à côté de*
nice *agréable*
no *non*
noisy *bruyant(e)*
not *ne... pas*
now *maintenant*

of *de*
office *bureau*
often *souvent*
old *vieux (vieille)*
on *sur*
only *seulement*
or *ou*
order (to) *commander*
other *autre*
our *notre, nos*
over there *là-bas*

pain *douleur*
parcel *paquet*
pea *petit pois*
pedestrian crossing *passage piétons*
people *gens*
perhaps *peut-être*
pet *animal domestique*
piece *morceau*
plane *avion*
please *s'il te/vous plaît*
poor *pauvre*
postcard *carte postale*
potato *pomme de terre*
pound *livre (monnaie ou poids)*
prescription *ordonnance*
present *cadeau*
pretty *joli(e)*
pub *café, bar*
purse *porte-monnaie*
put (to) *mettre*

quiet *calme*
quite *assez ; tout à fait*

rain *pluie*
read (to) *lire*
ready *prêt(e)*
really *vraiment*
remember (to) *se souvenir de*
repeat (to) *répéter*
reply *réponse*
return ticket *aller-retour (billet)*
rich *riche*
ride (to) *monter (à cheval, etc.)*
right *à droite ; droit* **; be right (to)** *avoir raison*
river *rivière*
room *chambre*
round *autour de ; rond*
run (to) *courir*

sales *soldes*
same *pareil(le)*
say (to) *dire*
see (to) *voir*
sell (to) *vendre*
send (to) *envoyer*
she *elle*
ship *navire*
shop assistant *vendeur(euse)*
shopping mall *centre commercial*

short *court(e)*
show (to) *montrer*
sing (to) *chanter*
single *pour une personne ; aller simple*
size *taille*
skirt *jupe*
sleep (to) *dormir*
slow *lent(e)*
small *petit(e)*
smart *chic*
smoke (to) *fumer*
snack *en-cas*
so *alors*
soap *savon*
sofa *canapé*
some *du, de la, de, des*
something *quelque chose*
somewhere *quelque part*
sorry *désolé(e)* **; sorry?** *pardon ?*
speak (to) *parler*
spend (to) *dépenser*
stairs *escalier*
stamp *timbre*
start (to) *commencer*
station *gare*
stay (to) *rester*
steal (to) *voler*
still *encore*
straight *droit(e)*
street *rue*
student *étudiant(e)*
study (to) *étudier*
sugar *sucre*
suit (to) *convenir*
sun *soleil*
surname *nom de famille*
sweet *bonbon ; dessert*

table *table*
take (to) *prendre*
talk (to) *parler*
tall *grand(e) (hauteur)*
tea *thé ; goûter*
tell (to) *dire*
thanks *merci*
thank you *merci*
that *ce, cette (celui-là, celle-là)*
the *le, la*
their *leur, leurs*
them *les ; eux, elles*
then *alors ; puis*
there are *il y a*
there is *il y a*
these *ces (ceux-ci)*
they *ils, elles*
thing *chose*
think (to) *croire, penser*
thirsty : be thirsty (to) *avoir soif*
this *ce, cette (celui-ci, celle-ci)*
those *ces (ceux-là)*
through *à travers*
time *temps*
tip *pourboire*
tired *fatigué(e)*
to *à*
today *aujourd'hui*
together *ensemble*
tonight *ce soir*
too *aussi ; trop*
tooth, pl: teeth *dent*
toothpaste *dentifrice*
tourist office *office de tourisme*
town *ville*
traffic *circulation*
trousers *pantalon*
try (to) *essayer*

ugly *laid(e)*
under *sous*
understand (to) *comprendre*
us *nous*
use (to) *utiliser*

vegetables *légumes*
very *très*

wait for (to) *attendre*
waiter (waitress) *serveur(euse)*
walk (to) *marcher*
want (to) *vouloir*
warm *chaud(e)*
wash (to) *laver*
watch (to) *regarder*
water *eau*
way *chemin ; façon*
wear (to) *porter (un vêtement)*
weather *temps (météo)*
wedding *mariage (cérémonie)*
week *semaine*
welcome *bienvenu(e)*
well : very well *très bien*
wet *humide*
what *qu'est-ce que ; quoi ; quel(le)*
when *quand*
where *où*
while *pendant que*
who *qui*
whose *à qui*
why *pourquoi*
win (to) *gagner*
wind *vent*
wine *vin*
with *avec*
without *sans*
woman, pl: women *femme*
work (to) *travailler*
world *monde*
worry (to) *s'inquiéter*

yes *oui*
young *jeune*
your *ton, ta, tes, votre, vos*

à **at ; to**
accord : d'accord **all right** *;*
être d'accord **to agree**
adorable **lovely**
agréable **nice**
aider **to help**
aimer bien **to like**
air : avoir l'air + adjectif **to look + adjective**
aller **to go**
aller-retour (billet) **return ticket**
aller simple **single**
alors **so ; then**
ami(e) **friend**
amusant(e) **fun**
animal domestique **pet**
anniversaire **birthday**
appartement **flat**
appeler (s') **to be called**
apprécier **to enjoy**
après **after**
après-midi **afternoon**
argent **money**
assez **quite**
attendre **to wait for**
aujourd'hui **today**
aussi **too**
autoroute **motorway**
autour **around**
autre **other** *; autre chose* **anything else**
avant **before**
avec **with**
avion **plane**
avoir **to have, to have got**

bagages **luggage**
banque **bank**
bâtiment **building**
battre **to beat**
bavarder **to chat**
beau (belle) **beautiful**
beaucoup (de) **many, much ; a lot (of)**
besoin : avoir besoin de **to need**
bibliothèque **library**
bien : très bien **very well** *;*
bien sûr **of course**
bienvenu(e) **welcome**
bière **beer**
blessé(e) : être blessé(e) **to be hurt**
boire **to drink**
bon(ne) **good**
bonbon **sweet**
bonjour **hello**
bon marché **cheap**
boucher **butcher**
bouteille **bottle**
brosser **to brush**
bruyant(e) **noisy**
bureau **office**
but **goal**

cadeau **present**
café (boisson) **coffee**
café (lieu) **café**
calme **quiet**
canapé **sofa**
canard **duck**
carotte **carrot**
carte (plan) **map**
carte postale **postcard**
casser **to break**
ce (celui-ci) **this** *; (celui-là)* **that**
centre commercial **shopping mall**
cependant **however**
certainement **certainly**
ces (ceux-ci) **these** *; (ceux-là)* **those**
cette (celle-ci) **this** *; (celle-là)* **that**
chaise **chair**
chambre **bedroom, room**
champ **field**
chanter **to sing**
charmant(e) **lovely**
chat **cat**
chaud(e) **warm, hot**

chemin **way**
cher(ère) **expensive**
chercher **to look for**
cheval **horse**
cheveux **hair**
chic **smart**
chien **dog**
choisir **to choose**
choix **choice**
chose **thing**
circulation **traffic**
client(e) **customer**
combien **how many, how much** ;
combien de temps **how long**
commander **to order**
comme **as, like**
commencer **to begin, to start**
comment **how**
complet(ète) **full**
comprendre **to understand**
conduire **to drive**
confortable **comfortable**
connaissance(s) **knowledge**
connaître **to know**
conseils **advice**
contre **against**
convenir **to suit**
corps **body**
côté : à côté de **next to**
courant(e) (langue) **fluent**
courir **to run**
court(e) **short**
coussin **cushion**
coûter **to cost**
croire **to think**
cuisiner **to cook**

dans **in**
de **of ; some/any** ; *de la* **some/any**
déjeuner **lunch**
demander **to ask**
dent **tooth, pl: teeth**
dentifrice **toothpaste**
dépenser **to spend**
derrière **behind**
des **some/any**
descendre **to go down**
désolé(e) **sorry**
dessert **sweet, pudding**
détester **to hate**
devoir **to have + to V, must**
dire **to say, to tell**
donner **to give**
dormir **to sleep**
douleur **pain**
droit(e) **straight, right**
du **some/any**

eau **water**
elle **she, it ; her**
elles **they ; them**
emploi **job**
en-cas **snack**
enchanté(e) **pleased to meet you**
encore **still, again**
enfant **child, pl: children**
ensemble **together**
entendre **to hear**
entre **between**
environ **about**
envoyer **to send**
épicé(e) **hot**
escalier **stairs**
espérer **to hope**
essayer **to try**
être **to be**
étudiant(e) **student**
étudier **to study**
eux **them**
exemple : par exemple **for example**

facile **easy**
façon **way** ; *de toute façon* **anyway**
faim : avoir faim **to be hungry**
faire **to do, to make** ; *cela ne fait rien*
it doesn't matter

fait : en fait **actually**
famille **family**
fatigué(e) **tired**
femme **woman, pl: women**
fermer **to close**
fille (≠ fils) **daughter** *; (≠ garçon)* **girl**
forme : en forme **fit**
frais(aîche) **fresh**
frite **chip**
froid(e) **cold**
fromage **cheese**
fumer **to smoke**

gagner **to win**
garçon **boy**
gare **station**
gâteau **cake**
gauche **left**
génial(e) **awesome (US)**
gens **people**
gentil(le) **kind**
goûter **tea**
grand(e) **big, large, tall**
grandir **to grow**
gras(se) **fat**
gratuit(e) **free**

habiter **to live**
heure **hour**
homme **man, pl: men**
humide **wet**

ici **here**
idée **idea**
il **he, it** *; il y a* **there is, there are**
ils **they**
informations **information**
inquiéter (s') **to worry**
intéressant(e) **interesting**

jamais **never**
jambon **ham**
jeune **young**
joli(e) **pretty**
journal **newspaper**
jupe **skirt**

la **the ; her, it**
là-bas **over there**
laid(e) **ugly**
laver **to wash**
le **the ; him, it**
légumes **vegetables**
lent(e) **slow**
les **the, them**
lettre **letter**
leur **their**
lever (se) **to get up**
libre **free**
lieu : au lieu de **instead of**
lire **to read**
lit **bed**
livre (monnaie ou poids) **pound** *; (à lire)* **book**
long : le long de **along**
lui **him, her, it**
lunettes **glasses**

main **hand**
maintenant **now**
mais **but**
maison **house**
mal : faire mal **to hurt**
manger **to eat**
manteau **coat**
marchand de journaux **newsagent**
marcher **to walk**
mariage (cérémonie) **wedding**
matin **morning**
médicaments **medicine**
meilleur : le(la) meilleur(e) **the best**
même **even ; same**
merci **thank you, thanks**
mère **mother**
mettre **to put**
meubles **furniture**

mieux **better**
moins **less** *; au moins* **at least** *; le(la) moins* **the least**
monde **world**
monter **to go up** *; monter (à cheval, etc.)* **to ride**
montrer **to show**
morceau **piece**

naître **to be born**
navire **ship**
ne... pas **not**
nettoyer **to clean**
neuf(ve) **new**
nom de famille **surname**
non **no**
nos **our**
note (addition) **bill**
notre **our**
nous **we ; us**
nouveau(elle) **new**
nuage **cloud**

obtenir **to get**
occupé(e) **busy**
occuper (s') **to look after**
office de tourisme **tourist office**
oiseau **bird**
ordinateur **computer**
ordonnance **prescription**
ou **or**
où **where**
oublier **to forget**
oui **yes**

pain **bread**
pantalon **(pair of) trousers**
paquet **parcel**
parce que **because**
pardon ? **sorry?**
pareil(le) **same**
parler **to speak, to talk**
partir **to leave**
passage piétons **pedestrian crossing**
pauvre **poor**
pendant que **while**
penser **to think**
perdre **to lose**
père **father**
personne : pour une personne **single**
petit(e) **small, little**
petit déjeuner **breakfast**
petit pois **pea**
peu **little**
peut-être **perhaps**
pied **foot, pl : feet**
placard **cupboard**
plan **map**
plat **dish**
plein(e) **full** *; plein de* **lots of**
pleurer **to cry**
pluie **rain**
plupart : la plupart **most**
plus **more**
poisson **fish**
pomme de terre **potato**
pont **bridge**
porte-monnaie **purse**
porter (un vêtement) **to wear**
pour **for**
pourboire **tip**
pourquoi **why**
pouvoir **can**
préféré(e) **favourite**
prendre **to take**
près : à peu près **about** *; près de* **near**
presque **nearly**
prêt(e) **ready**
prochain(e) **next**
prudent(e) **careful**
puis **then**

quand **when**
quel(le) **what**
quelque chose **something, anything**
quelque part **somewhere**

qu'est-ce que **what**
qui **who** *; à qui* **whose**
quoi **what**

raison : avoir raison **to be right**
rater **to miss**
ravissant(e) **gorgeous**
regarder **to look at, to watch**
régime **diet**
regretter l'absence de **to miss**
rencontrer **to meet**
repas **meal**
répéter **to repeat**
réponse **reply**
réserver **to book**
rester **to stay**
revoir : au revoir **goodbye, bye**
riche **rich**
rien : ça ne fait rien **never mind**
rivière **river**
rond **round**
rue **street**

sac à main **handbag**
salle de bains **bathroom**
salle de sport **gym**
salon **living room, lounge**
sans **without**
santé **health** *; santé !* **cheers!**
savoir **to know**
savon **soap**
sec(sèche) **dry**
semaine **week**
serveur(euse) **waiter (waitress)**
seulement **only**
signifier **to mean**
s'il vous plaît **please**
soif : avoir soif **to be thirsty**
soir **evening** *; ce soir* **tonight**
soirée **evening**
soldes **sales**
soleil **sun**
sous **under**
souvenir (se) **to remember**
souvent **often**
sucre **sugar**
suivre **to follow**
sujet : au sujet de **about**
sur **on**

ta **your**
table **table**
taille **size**
tard **late**
tasse **cup**
téléphone portable **mobile phone**
temps **time ; weather**
terminer (se) **to end**
tes **your**
thé **tea**
timbre **stamp**
tomber **to fall**
ton **your**
tôt **early**
toujours **always**
tout **everything**
tout(e) **all**
tout à fait **quite**
trajet **journey**
travailler **to work**
travers : à travers **through**
traverser **to cross**
très **very**
trop **too**
trouver **to find**

utiliser **to use**

vélo : faire du vélo **to cycle**
vendeur(euse) **shop assistant**
vendre **to sell**
venir **to come**
vent **wind**
verre **glass**
vêtements **clothes**
viande **meat**

vide **empty**
vie **life**
vieux (vieille) **old**
ville **town**
vin **wine**
vivre **to live**
voir **to see**
voiture **car**
voler **to steal**
votre **your**
vos **your**
vouloir **to want** ; *vouloir dire* **to mean**
voyage **journey**
vraiment **really**

Infinitif	Prétérit	Participe passé	Traduction
be	was/were	been	être
beat	beat	beaten	battre
begin	began	begun	commencer
break	broke	broken	casser
buy	bought	bought	acheter
choose	chose	chosen	choisir
come	came	come	venir
cost	cost	cost	coûter
do	did	done	faire
drink	drank	drunk	boire
drive	drove	driven	conduire
eat	ate	eaten	manger
fall	fell	fallen	tomber
find	found	found	trouver
forbid	forbade	forbidden	interdire
forget	forgot	forgotten	oublier
get	got	got	obtenir
give	gave	given	donner
grow	grew	grown	grandir
go	went	gone	aller
have	had	had	avoir
hear	heard	heard	entendre
hurt	hurt	hurt	blesser, faire mal
know	knew	known	savoir, connaître
leave	left	left	quitter, laisser
lose	lost	lost	perdre
make	made	made	faire, fabriquer
mean	meant	meant	signifier, vouloir dire
meet	met	met	rencontrer
put	put	put	mettre, poser
read	read	read	lire
ride	rode	ridden	monter (à cheval, etc.)
run	ran	run	courir
say	said	said	dire
see	saw	seen	voir
sell	sold	sold	vendre
send	sent	sent	envoyer
show	showed	shown	montrer
shut	shut	shut	fermer
sit	sat	sat	être assis
sleep	slept	slept	dormir
speak	spoke	spoken	parler

spell	spelt	spelt	épeler
spend	spent	spent	passer (temps) ; dépenser (argent)
steal	stole	stolen	dérober
take	took	taken	prendre
tell	told	told	raconter
think	thought	thought	penser, croire
understand	understood	understood	comprendre
wake (up)	woke (up)	woken (up)	(se) réveiller
wear	wore	worn	porter (vêtements)
win	won	won	gagner
write	wrote	written	écrire

Index

Cet index vous pernet de retrouver certains aspects de la langue anglaise abordés dans les chapitres. (Les nombres renvoient aux chapitres.)

Contenuu des CD

CD1

Piste 1	Introduction	Guide de prononciation
Piste 2	Chapitre 1	Enchanté !
Piste 3	Chapitre 2	Comment allez-vous ?
Piste 4	Chapitre 3	Qu'on est bien chez soi !
Piste 5	Chapitre 4	Debout paresseux !
Piste 6	Chapitre 5	Comme c'est étrange !
Piste 7	Chapitre 6	La famille et les amis
Piste 8	Chapitre 7	Venez manger chez nous !
Piste 9	Chapitre 8	Comme ils ont de la chance !
Piste 10	Chapitre 9	Allons faire des courses !

CD2

Piste 1	Chapitre 10	Le reggae ? J'adore !
Piste 2	Chapitre 11	Que diable fait-elle ?
Piste 3	Chapitre 12	Le bon vieux temps
Piste 4	Chapitre 13	Chercher un emploi
Piste 5	Chapitre 14	On s'est bien amusés !
Piste 6	Chapitre 15	Je suis perdue
Piste 7	Chapitre 16	Sortons ce soir
Piste 8	Chapitre 17	J'ai envie de vacances
Piste 9	Chapitre 18	Sur la route
Piste 10	Chapitre 19	Prenez soin de vous !
Piste 11	Chapitre 20	Nous avons tout fait

Dépôt légal : août 2013
Imprimé en Espagne par Macrolibros
305898-04 / 11024353